expo 2

Jon Meier   Gill Ramage

Rouge

www.heinemann.co.uk
✓ Free online support
✓ Useful weblinks
✓ 24 hour online ordering

01865 888058

Heinemann
Inspiring generations

Heinemann is an imprint of Pearson Education Limited, a company incorporated in England and Wales, having its registered office at Edinburgh Gate, Harlow, Essex, CM20 2JE. Registered company number: 872828

Heinemann is a registered trademark of Pearson Education Limited

© Jon Meier and Gill Ramage, 2004

First published 2004

12
18

British Library Cataloguing in Publication Data is available from the British Library on request.

ISBN 978 0 435385 12 5

Copyright notice

Produced by Ken Vail Graphic Design, Cambridge

Original illustrations © Harcourt Education Limited, 2004

Illustrated by **Bill Ledger**, **Beehive Illustration** (Theresa Tibbetts), **Graham-Cameron Illustration** (David Benham), **New Division** (Monica Laita, Sean Sims), **Sylvie Poggio Artists Agency** (Nick Duffy, Mark Ruffle) and by **Young Digital Poland** (Robert Jaszczurowski)

Printed in China (CTPS / 18)

Cover photo: © Digital Vision/Robert Harding

Acknowledgements

The authors would like to thank Arnold Meier, Helen, Rachel and Daniel, Pete Milwright, Andre Schock, the pupils from Collège Alin, Frignicourt, the actors of the Ateliers de Formation Théâtrale, led by Nathalie Barrabé, Rouen, recorded at Studio Accès Digital, Rouen by François Casays, M. Bernard-Peyre, Mme Corinne Grange, Mme Delphine Cesaretti and the pupils of Collège Stendhal, Grenoble, Peter Schofield and Josette Ondarsuhu of the Oxford-Grenoble Association, Kathryn Tate, Catriona Watson-Brown and Krystelle Jambon for their help in the making of this course.

Song lyrics by Jon Meier and Gill Ramage

Music composed and arranged by John Connor

Songs performed by "Les Loups Rouges" (John Connor, Pete O'Connor and Dick Churchley), vocals by Stefan Lander and Katherine Pageon

Recorded at Gun Turret Studios, Bromsgrove. Engineered by Pete O'Connor.

The authors and publishers would like to thank the following for permission to reproduce copyright material: © Parc du Futuroscope, 86130 Jaunay-Clan, France, p.42 (plan of Futuroscope park), page d'accueil, © Bayeux-tourism.com, p.86

Photographs were provided by **Pearson Education Ltd/Steve J. Benbow** p. 6 (teenage boy), **Corbis** p.11 (Chamonix), **Getty Images UK/Stone** p.11 (La Rochelle), **Corbis** p.12 (Quebec & Tunisia), **Getty Images UK/Photodisc** p.14 (Man skiing, man snowboarding), **Corbis** p.18 (Gérard Depardieu), **Empics** p.18 (Zinédine Zidane), **The Kobal Collection** p.37 (Minority Report), **Pearson Education Ltd/Steve J. Benbow** p.45 (teenage girl), **Corbis** p.50 (Cité de l'Europe shopping centre, Calais), **Pearson Education Ltd/C. Ridgers** p.74 (choucroute), **Getty Images UK/Photodisc** p.74 (fish soup, cider & champagne), **Pearson Education Ltd/Keith Gibson** p.74 (crêpe), **Pearson Education Ltd/Gareth Boden** p.74 (salade niçoise), **Tracy Greenwood** p.82 (swimming pool), **Pearson Education Ltd/Steve J. Benbow** p.84 (teenage boy), **Alamy/Michael Dwyer** p.84 (Dakar, Senegal), **Mary Evans Picture Library** p.92 (King Louis XVI & Marie Antoinette), **Corbis** p.93 (Olympic medal ceremony, French rugby team), **Pearson Education Ltd/Steve J. Benbow** p.96 (teenage girl with short, dark hair), **Pearson Education Ltd/Keith Gibson** p.96 (teenage girl, long dark hair), **Pearson Education Ltd/Peter Morris** p.100 (mobile telephone), **Canon** p.100 (camcorder & digital camera), **Apple Images** p.100 (mp3 player), **Pearson Education Ltd/Gareth Boden** p.100 (electronic organiser, PDA), **Hemera Photo Objects** p.100 (electronic keyboard), **Pearson Education Ltd/Peter Evans** p.122 (York), **Corbis** p.124 (Fort-de-France, Martinique). All other photographs are provided by **Pearson Education Ltd/Martin Sookias.**

All other photographs Pearson Education Ltd/**Martin Sookias**.

Every effort has been made to contact copyright holders of material reproduced in this book. Any omissions will be rectified in subsequent printings if notice is given to the publishers.

Tel: 01865 888058   www.heinemann.co.uk

Table des matières

Module 5 Voyages et vacances

Module 6 Les copains

Famille et domicile

1 Mon album de famille Talking about families
Using *-er* verbs

écouter 1 Écoute et lis.

Bonjour! Je m'appelle Philippe et j'habite à Paris avec ma mère, ma sœur et mon frère. Nous habitons dans un grand appartement.
Ma mère s'appelle Sandrine. Elle travaille à Paris et le week-end, elle joue au tennis avec ses amis. Comme passe-temps, maman adore le sport et le cinéma, mais elle n'aime pas le foot.
Ma sœur, qui s'appelle Laure, aime les animaux, surtout les chats. Mais elle déteste les araignées … surtout dans son lit!
J'ai aussi un petit frère, Léo, qui est très bizarre. Il adore la lecture et il collectionne les livres d'Astérix. Le soir, il regarde la télé et il ne parle pas.
Mes parents sont divorcés, donc mon père, Bruno, n'habite pas chez nous. Mon père et ma belle-mère, Annette, habitent à Chamonix. Ils voyagent beaucoup et papa mange beaucoup, surtout de la pizza et de la glace! Annette aime le ski, mais papa n'est pas sportif.
Mon demi-frère s'appelle Marc et sa passion, c'est la musique. Il joue de la guitare électrique dans un groupe et il écoute beaucoup de musique à la maison.

surtout = especially
donc = therefore

lire 2 Choisis le bon mot pour compléter chaque phrase.

Exemple: **1** Marc est le demi-frère de Philippe.

1 Marc est *le demi-frère/le frère* de Philippe.
2 Laure est *la mère/la sœur* de Léo.
3 Bruno est *le beau-père/le père* de Philippe.
4 Annette est *la belle-mère/la demi-sœur* de Philippe.
5 Sandrine est *la mère/la demi-sœur* de Laure.
6 Léo est *le frère/le père* de Philippe.
7 Bruno est *le frère/le beau-père* de Marc.
8 Laure est *la sœur/la demi-sœur* de Marc.

beau-père = stepfather

écouter 3 La famille de Philippe se présente. Copie et complète la grille. (1–6)

	Détail faux	Détail vrai
1	habite à Chamonix	habite à Paris

Expo-langue ▶ **Grammaire 3.7**

Ne … pas means *not*.
It forms a sandwich around the verb.

parler 4 À deux. Voici ta famille. Présente chaque personne à tour de rôle.

1 Anna

2 Éric

3 Christian

4 Lucie

Expo-langue ▶ Grammaire 3.3

-er verbs

Most verbs have an infinitive which ends in **-er**

Exemple: adorer, collectionner, voyager
The **-er** verb ending changes according to the subject pronoun:

j'ador**e**	I love
tu ador**es**	you love
il/elle/on ador**e**	he/she/we love(s)
nous ador**ons**	we love
vous ador**ez**	you love
ils/elles ador**ent**	they love

pareil(le) = the same

lire 5 À deux. Quand tu prononces les deux verbes, est-ce qu'ils sont pareils ou différents?

Exemple: 1 pareils

1	collectionne	collectionnes
2	habites	habitent
3	voyagent	voyages
4	travaillez	travaillons

5	détestent	déteste
6	aimes	aimez
7	joues	joue
8	regardons	regardent

écouter 6 Écoute et vérifie.

The **-er** verb endings all sound the same except for **-ons** and **-ez**.

parler 7 En groupes. Parlez de votre famille aux autres du groupe.

- Comment s'appelle chaque personne?
- Qu'est-ce qu'il/elle aime?
- Qu'est-ce qu'il/elle n'aime pas?
- Qu'est-ce qu'il/elle a comme passe-temps?

écrire 8 Cherche une photo de ta famille, ou utilise cette photo, et imagine les détails. Écris un paragraphe sur chaque personne.

lire 1 C'est quel métier? Copie et complète la grille.
Identifie les mots-clefs qui aident à trouver la réponse.

	Métier	Mots-clefs
1	professeur	collège, histoire, géographie

1 Je travaille dans un collège où j'enseigne l'histoire et la géographie.

2 Je travaille sur un ordinateur dans un bureau.

3 Je répare les voitures et je travaille dans un garage.

4 Je coupe et je sculpte les cheveux de mes clients.

5 **Je travaille dans un café ou dans un restaurant. Je sers les repas aux clients.**

6 *Je travaille dans un magasin et je vends des produits aux clients.*

7 Je travaille dans un hôpital ou dans une clinique.

8 Je ne travaille pas en ce moment.

A French job centre

infirmier   serveur   professeur   secrétaire
coiffeur   au chômage   mécanicien   vendeur

Expo-langue ▶ Grammaire 1.1

In French, some job nouns have masculine and feminine forms

masculin	féminin
coiffeur	coiffeuse
infirmier	infirmière
mécanicien	mécanicienne
serveur	serveuse
vendeur	vendeuse

Some don't:

professeur	professeur
secrétaire	secrétaire

You don't need the word for *a* when talking about the jobs that people do:
elle est secrétaire = she is *a* secretary

écouter 2 Note le métier de chaque personne, et si leur opinion est positive ☺ ou négative ☹. (1–5)

parler 3 À deux. Prépare une conversation sur chaque personne.

Exemple:
- Patricia travaille?
- Oui, elle est mécanicienne.
- Où est-ce qu'elle travaille?
- Elle travaille dans un garage.
- Est-ce qu'elle aime son métier?
- Oui, elle aime être mécanicienne.

1 Patricia ☺

2 Ahmad ☹

3 Edith ☺

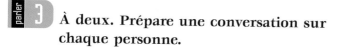

4 Lis l'e-mail de Nicolas. Remplis les blancs en faisant attention au contexte.

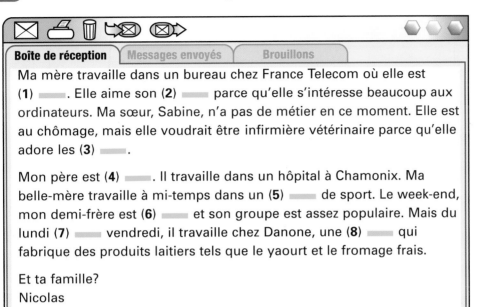

Boîte de réception | Messages envoyés | Brouillons

Ma mère travaille dans un bureau chez France Telecom où elle est (**1**) ____. Elle aime son (**2**) ____ parce qu'elle s'intéresse beaucoup aux ordinateurs. Ma sœur, Sabine, n'a pas de métier en ce moment. Elle est au chômage, mais elle voudrait être infirmière vétérinaire parce qu'elle adore les (**3**) ____.

Mon père est (**4**) ____. Il travaille dans un hôpital à Chamonix. Ma belle-mère travaille à mi-temps dans un (**5**) ____ de sport. Le week-end, mon demi-frère est (**6**) ____ et son groupe est assez populaire. Mais du lundi (**7**) ____ vendredi, il travaille chez Danone, une (**8**) ____ qui fabrique des produits laitiers tels que le yaourt et le fromage frais.

Et ta famille?
Nicolas

magasin
programmeuse
au
médecin
musicien
métier
animaux
usine

5 Écris une réponse à l'e-mail de Nicolas. Utilise ces détails:

Dad, Brian, works at SupaCars; he's a mechanic.

Mum, Julie, works part-time; she's a secretary.

Brother, Darren, waiter in a cafe at the weekend. Mon-Fri, works in a shop.

Sister, Avril, hairdresser. Works in town. She likes her job a lot.

6 Elsa parle du métier de ses parents.

● Note les mots-clefs/les détails importants pour chaque personne.
● Comment dit-on 'facteur' et 'institutrice' en anglais?

7 À deux. Parle du métier des membres de ta famille.

● Utilise le dictionnaire pour trouver le vocabulaire nécessaire.
● Donne d'autres détails aussi (opinions, heures de travail ...)

Expo-langue ▶ Grammaire 3.4

être = to be	avoir = to have
je suis	j'ai
tu es	tu as
il/elle/on est	il/elle/on a
nous sommes	nous avons
vous êtes	vous avez
ils/elles sont	ils/elles ont

écouter **1** Écoute et lis.

Je m'appelle Donald Macintosh et je viens de Gairloch dans le nord de l'Écosse, mais maintenant, j'habite en France, à Bordeaux. J'habite ici depuis cinq ans.

Je m'appelle Andrea Witherspoon et je viens de Cookstown dans le centre de l'Irlande du Nord. Maintenant, j'habite au Canada, à Montréal, où je travaille pour une banque. J'habite à Montréal depuis dix ans.

Je suis Paul Smith et je viens de Bristol, dans l'ouest de l'Angleterre. Mais j'habite en France maintenant, à Calais, dans le nord de la France. J'habite ici depuis neuf mois et j'aime bien être ici.

Je m'appelle Poppy Page et je viens de Chepstow dans l'est du Pays de Galles. Mais maintenant, j'habite à La Rochelle. J'habite ici depuis cinq mois.

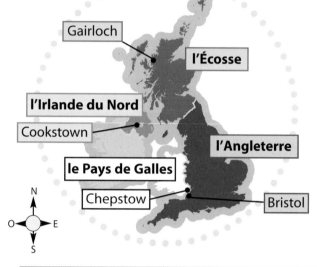

Gairloch · l'Écosse · l'Irlande du Nord · Cookstown · le Pays de Galles · l'Angleterre · Chepstow · Bristol

N · O · E · S

J'habite dans	le nord le sud l'est l'ouest le centre	de	l'Angleterre l'Écosse l'Irlande du Nord
		du	Pays de Galles

Expo-langue

venir = to come

je viens	nous venons
tu viens	vous venez
il/elle/on vient	ils/elles viennent

lire **2** Copie et complète la grille.

Exemple:

Prénom	Vient de ...	C'est où?	Habite à ...	Depuis ...
Donald				

parler **3** À deux. Prépare ces questions en français.
Invente des réponses.

Exemple: 1

■ Tu habites ici **depuis quand?**
● J'habite ici **depuis** sept ans.

1 How long have you been living here?
2 How long have you been playing the piano?
3 How long have you had a dog?

Expo-langue ▶ Grammaire 4.5

Depuis is used to say how long something has been happening.
It is used with the present tense.
Exemple: j'habite ici depuis cinq ans
= I have lived here for five years

4 À deux. À tour de rôle. Présente-toi à ton/ta partenaire.

Exemple: Je m'appelle ...

PRÉNOM: Thierry
VIENT DE: Lyon (est de la France)
HABITE À: Cardiff
DEPUIS: 15 mois

PRÉNOM: Laure
VIENT DE: Arras (nord de la France)
HABITE À: Glasgow
DEPUIS: 9 ans

PRÉNOM: Magali
VIENT DE: Nice (sud de la France)
HABITE À: Manchester
DEPUIS: 3 ans

PRÉNOM: Samuel
VIENT DE: La Rochelle (ouest de la France)
HABITE À: Belfast
DEPUIS: 8 mois

5 Écoute et lis le texte.

Philippe et sa famille habitent dans un appartement dans le sud de Paris. Ils habitent dans cet appartement depuis quatre ans. La mère de Philippe vient de Paris.

   Son père et sa belle-mère, Annette, ont une petite maison dans le centre de Chamonix. Chamonix est une ville dans l'est de la France, près de Lyon. Annette vient de Lyon, mais elle habite à Chamonix depuis vingt-cinq ans.

   Les grands-parents de Philippe ont un hôtel à Arras, une jolie ville dans le nord de la France, près de Lille. Ils habitent à Arras depuis soixante ans, mais ils viennent de La Rochelle, une ville au bord de la mer dans l'ouest de la France. Ils ont une maison de vacances à La Rochelle.

6 Complète les phrases.

1   Arras est dans le ▬▬▬ de la France.
2   Philippe et sa famille habitent dans ▬▬▬ ▬▬▬ de Paris.
3   La Rochelle est dans l' ▬▬▬ ▬▬▬ la France.
4   Chamonix est dans l' ▬▬▬ ▬▬▬ France.
5   Annette et le père de Philippe habitent dans ▬▬▬ ▬▬▬ Chamonix.

7 Écris quelques paragraphes sur Julie et sa famille.

Mini-test

I can ...
■ list members of an extended family
■ say what people in my family like/dislike/do
■ say what job someone does and where he/she works
■ say which area I live in/come from
■ use -er verbs, *être, avoir* and *venir*

4 Quel temps fait-il?
Describing the weather
Using the connectives *quand* and *si*

Écouter 1 Écoute et répète.

a
il fait chaud

b
il fait froid

c
il y a du soleil

d
il y a du vent

e
il y a du brouillard

f
il y a des orages

g
il pleut

h
il neige

Écouter 2 Écoute et lis. C'est quelle photo? C'est quel pays?

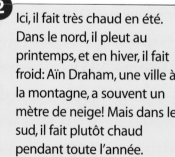

LA TUNISIE

LA FRANCE

LE CANADA

1 Ici, il fait très froid en hiver. Il neige beaucoup et les températures sont très basses. On fait du ski, du snowboard et du patin à glace sur les lacs gelés. Par contre, il fait très chaud en été, et il fait souvent assez humide.

2 Ici, il fait très chaud en été. Dans le nord, il pleut au printemps, et en hiver, il fait froid: Aïn Draham, une ville à la montagne, a souvent un mètre de neige! Mais dans le sud, il fait plutôt chaud pendant toute l'année.

3 Le climat ici ressemble au climat en Grande-Bretagne: en hiver, il pleut souvent et il y a du brouillard. Dans le sud, près de la mer Méditerranée, le climat est doux: il fait très chaud en été, mais il y a du vent aussi. Le vent qui souffle dans le sud s'appelle le mistral.

Écouter 3 Écoute la météo pour la France. Note les régions et le temps dans chaque région.

Exemple: nord: soleil, chaud

4 Gérard habite au Canada. Il parle de ses passe-temps. Écoute et relie les phrases.

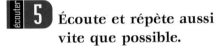

1 S'il neige,	a il fait du skate au parc.
2 Quand il fait froid,	b il fait du vélo.
3 Quand il fait chaud,	c il va au cinéma.
4 S'il y a du soleil,	d il fait du ski.
5 S'il fait très chaud,	e il fait de la natation.
6 Quand il pleut,	f il reste à la maison.

> **Expo-langue** ▶ **Grammaire 4.4**
>
> **quand** = when
> **si**   = if (becomes **s'** before a vowel)
>
> You can make what you say more interesting by using connectives like these to join your sentences.

5 Écoute et répète aussi vite que possible.

Si six cents scies scient six cents saucisses,
six cent six scies scieront six cent six saucissons.

> The letter i makes an **ee** sound: si, il.

6 À deux. Prépare et continue cette conversation.

■ Qu'est-ce que tu fais quand ?

● Quand , je

ou je .

■ Qu'est-ce que tu fais s' ?

● S'il pleut, je 🔲 ou je 🔲 .

> **Expo-langue** ▶ **Grammaire 3.4**
>
> | aller = to go | faire = to do/make |
> |---|---|
> | je vais | je fais |
> | tu vas | tu fais |
> | il/elle/on va | il/elle/on fait |
> | nous allons | nous faisons |
> | vous allez | vous faites |
> | ils/elles vont | ils/elles font |

7 Et toi et ta famille? Écris trois ou quatre paragraphes.

● Qu'est-ce que vous faites quand il fait chaud?
● Qu'est-ce que vous faites s'il pleut?
● Qu'est-ce que vous faites quand il neige?

Quand il fait froid/chaud, …	nous faisons du vélo.
S'il y a du soleil, …	nous allons au cinéma.

écouter 1 Écoute et lis le texte. Dis le prochain mot après la pause.

Le réveille-matin sonne. Il est six heures du matin et, comme d'habitude, je me lève tout de suite et je vais dans la salle de bains. Je me douche, je m'habille en salopette et sweat, puis je descends à la cuisine où je prends le petit déjeuner avec mes deux collègues, Alice et Paul. Je suis moniteur de ski à Chamonix depuis trois ans et j'adore mon métier parce que le ski, c'est ma passion.

• Je bois vite mon café,
• je finis ma tartine, je
• saisis mon anorak et
• mon snowboard et je
• pars pour les pistes. Là,
• j'attends mes élèves
• car les cours
• commencent à 8h30.

Une journée dans la vie de

Michel Chassagne
22 ans: moniteur de ski

D'habitude, quand les cours finissent à 13h, il y a beaucoup à faire. Quelquefois, je vois ma copine et on boit une bière au café, mais s'il fait extrêmement froid, je reste chez moi où je lis un magazine de ski ou regarde un DVD. Normalement, je me couche avant 22h: ma journée commence tôt, après tout!

lire 2 Trouve ces verbes dans le texte.

I go down	I drink		I grab
		I finish	
I leave	I wait for		I read
		I see	

parler 3 À deux. Prépare une interview de Michel.

1 Quel est votre métier, et depuis quand?
2 Où travaillez-vous?
3 Aimez-vous votre métier? Pourquoi?
4 Parlez-moi de votre vie de tous les jours.
5 Qu'est-ce que vous faites l'après-midi?

écouter 4 Colette, la copine de Michel, répond aux questions de l'exercice 3. Note ses réponses en français. (1–5)

Expo-langue ▶ **Grammaire 3.3**

Apart from **-er** verbs, there are two other sorts of **regular** verbs:

-ir verbs	**-re verbs**
Exemple:	*Exemple:*
finir = to finish	attendre = to wait for
je finis	j'attends
tu finis	tu attends
il/elle/on finit	il/elle/on attend
nous finissons	nous attendons
vous finissez	vous attendez
ils/elles finissent	ils/elles attendent

There are also many other **irregular** verbs, which have a special pattern:
Exemple: boire, partir, voir, lire

lire **5** À deux. Complète les phrases avec une ville qui rime.

1 Il pleut à ▬▬.
2 Il y a du soleil à ▬▬.
3 Il neige à ▬▬.
4 Il fait froid à ▬▬.
5 Il fait chaud à ▬▬.

Different letter combinations can make the same sound. For example, these words all end with the sound **ee**: fin<u>is</u>, fin<u>it</u>, s<u>i</u>, cop<u>ie</u>, Chamon<u>ix</u>

Lisieux   **Liège**   **Marseille**   **Blois**   **St Lô**   **Bordeaux**

écouter **6** Écoute et vérifie.

parler **7** À deux. Choisis un de ces groupes d'images. Prépare une interview.

médecin   pilote

médecin: 5 ans – HÔPITAL DE BAYEUX – 6:00 → 18:00 – *Passe-temps*
pilote: 2 ans – AÉROPORT CHARLES DE GAULLE – 6:30 → 15:00 – *Passe-temps*

Mon travail commence/finit à …

écrire **8** Utilise un des groupes d'images de l'exercice 7 (ou tes propres idées) pour écrire un article comme l'article sur Michel.

● Écris tes réponses aux questions de l'exercice 3. Ajoute beaucoup de détails.
● Fais une liste de toutes les conjonctions de coordination dans le texte de l'exercice 1.
● Utilise les conjonctions et joins tes réponses pour faire des paragraphes.

Unité 1

I can

■ list members of an extended family   *le beau-père/la demi-sœur ...*

■ say what people in my family like/   *il/elle aime/collectionne/joue ...*
dislike/collect/play   *Elle n'aime pas le foot.*

G use all the subject pronouns   *je/tu/il/elle/on/nous/vous/ils/elles*

G use *-er* verbs in the present tense   *je joue/tu joues/il joue ...*

☞ pronounce the *-er* verb endings   *habites/habitent ...*

Unité 2

I can

■ name some jobs, using male and   *mécanicien(ne), serveur/serveuse*
female forms

■ say what job someone does and where   *Il est serveur./Elle travaille dans*
he/she works   *un bureau.*

G use the verbs *être* and *avoir* in the   *je suis/tu es/il est .../j'ai/tu*
present tense   *as/il a ...*

Unité 3

I can

■ say which area someone lives in   *J'habite dans l'ouest de l'Angleterre./*
   Il habite dans le nord de la France.

■ say where someone comes from   *Je viens de Londres./Elle vient de*
   Lyon.

G use the verb *venir* in the present tense   *je viens/tu viens/il vient ...*

G use *depuis* with the present tense   *J'habite ici depuis trois ans.*

Unité 4

I can

■ say what the weather is like   *Il fait chaud./Il y a du soleil.*

G use the connectives *quand* and *si*   *Quand il fait froid, on fait du*
   ski./S'il fait chaud, on joue au
   tennis.

☞ pronounce *i* correctly   *si/six/scient*

Unité 5

I can

■ understand longer texts about daily routine   *Je me lève .../Je sors ...*

G use *-ir* and *-re* verbs in the present tense   *je finis/tu finis/il finit .../j'attends/*
   tu attends/il attend ...

☞ recognise that different letter clusters   *finis/finit/Chamonix*
can make the same sound

Copie et remplis la grille. (1–5)

	Région	Temps	Activité préférée
1			

À deux. Présente ces personnes. Utilise ces détails.

Marc has lived in York (north of England) for 10 years. Mum comes from Norbiton in the south of London. Mum is secretary, works in office at Powergen, stepdad is unemployed.

Alison has lived in Norwich (east of England) for five years. Dad comes from Glasgow. Dad is mechanic with AutoCar, stepsister is shop assistant, works in a shop in centre of Norwich.

Lis le texte et réponds aux questions.

1 Lulu a quel âge?
2 Elle habite où?
3 Depuis quand?
4 Ses parents viennent d'où?
5 Sa sœur travaille où?
6 Qui est infirmier?
7 Qui travaille dans un magasin?
8 Qui ne travaille pas?

Je m'appelle Lulu et j'ai 14 ans. On habite dans le nord de Paris depuis cinq ans, mais mes parents viennent de Guadeloupe. J'ai une sœur qui travaille dans un bureau à Paris. Mon frère est serveur dans un café, et mon beau-père est infirmier dans un hôpital. Ma mère est vendeuse, mais mon père est au chômage depuis deux ans.

 Parle d'un membre de ta famille et réponds aux questions. Donne des détails.

- Il/Elle s'appelle comment?
- Il/Elle habite où? Depuis quand?
- Qu'est-ce qu'il/elle aime?
- Il/Elle travaille?

Les Français célèbres ... mais qui sont-ils?

 Lis les textes. Qui est-ce?

Exemple: 1 Charles de Gaulle

> Marie Curie   Zinédine Zidane
> Jeanne d'Arc
>   Juliette Binoche   Napoléon
> Charles de Gaulle   Gérard Depardieu

1 Leader de la résistance française pendant la Deuxième Guerre Mondiale, ce général est finalement devenu Président de la France en 1958. Homme politique remarquable, il a donné son nom à l'aéroport international de Paris.

2 Cette personne est l'héroïne nationale de la France. Née en 1412, elle a défendu la France contre l'armée anglaise à Orléans en 1429. Capturée par les soldats anglais, elle a été brûlée en 1431, mais 500 ans plus tard elle a été sanctifiée par l'église catholique.

3 Numéro dix dans l'équipe française qui a gagné la Coupe du Monde au Stade de France en 1998, ce joueur extraordinaire a pratiqué son sport en Italie, en France et en Espagne. D'origine algérienne, c'est un vrai héros sportif pour les Français.

4 Né en 1948, cette personne est peut-être l'acteur français le plus connu en Grande-Bretagne. Il a joué dans *Cyrano de Bergerac*, *Green Card* et *L'Homme au masque de fer* avec Leonardo Di Caprio et Jeremy Irons. Il est connu aussi pour son rôle dans les films de la série *Astérix et Obélix*.

5 Née en Pologne, cette scientifique française a découvert, avec son mari Pierre, la radioactivité et le radium. Elle a remporté le prix Nobel de physique en 1903 et de chimie en 1911.

6 Né en Corse en 1769, ce général brillant a établi un vaste empire français en Europe. À Paris, l'Arc de Triomphe et d'autres monuments historiques commémorent ses célèbres victoires.

7 Née à Paris en 1964, cette très belle actrice a remporté un Oscar en 1996 pour son rôle d'infirmière dans le film *Le Patient anglais*. Elle a aussi joué dans *Chocolat*, un film très populaire en Grande-Bretagne.

né(e) = born

lire 2

Qui ...

1 a remporté un prix important pour un de ses films?
2 a fait des recherches remarquables dans le domaine des sciences?
3 tenait le rôle le plus important dans le gouvernement français dans les années cinquante?
4 a représenté son pays dans un concours international?
5 est un acteur connu du public anglais?
6 a des monuments qui commémorent ses batailles?
7 est une sainte?

Comment dit-on ...?

 Some words have different meanings according to the **context** in which they are used. *Faire* is a good example of this.

lire 3

Écris ces phrases en anglais.

1 Je fais mes devoirs.
2 On fait un gâteau.
3 Je fais du ski.
4 Il fait froid.

5 On fait du vélo.
6 Quel temps fait-il?
7 Tu fais une erreur!

 In English, when you say 'I've got a frog in my throat', you don't really mean that there is a little green creature down there! You use these words to say something else: that your voice feels croaky.

French works in the same way. Individual words can be put together into sentences which mean something quite different!

lire 4

Relie le français et l'anglais.

1

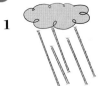

Il tombe des cordes.

2

Chat!

Elle appelle un chat un chat.

3

Il se lève avec les poules.

4

C'est une tempête dans un verre d'eau.

5

Ce ne sont pas mes oignons.

6

J'ai un chat dans la gorge.

a I've got a frog in my throat.
b It's none of my business.
c He gets up with the lark.

d It's raining cats and dogs.
e She calls a spade a spade.
f It's a storm in a teacup.

Les métiers

 1 Écoute et lis les textes. Note les mots qui manquent. Ces mots sont tous très similaires à l'anglais.

Marianne

J'aime beaucoup mon métier parce que j'adore utiliser mon **(1)** ___ et dessiner. Je dessine des maisons, des immeubles, et aussi les **(2)** ___ des maisons, par exemple des cuisines ou des nouvelles chambres. En général, mes **(3)** ___ sont très satisfaits de voir leur nouvelle maison ou leur nouvelle chambre.

Georges

J'ai de la chance parce que le **(4)** ___, c'est ma passion. Je m'entraîne beaucoup avec le **(5)** ___ de l'équipe, mais le samedi après-midi, quand le **(6)** ___ commence, c'est mon moment préféré. J'ai trente ans et je sais qu'on ne peut pas faire ce métier jusqu'à l' **(7)** ___ de soixante ans.

Jean

Depuis tout petit, j'habite dans une ferme. Mon père et mon grand-père faisaient aussi ce métier. Être à l' **(8)** ___, travailler avec la terre et les animaux, être près de la **(9)** ___, tout ça, c'est vraiment super. Mais c'est aussi un métier **(10)** ___, et très fatigant. Je me lève à cinq heures tous les jours.

Nassima

Je travaille dans un bureau chez Motorola, une **(11)** ___ qui fabrique des portables. Je travaille sur un ordinateur. Je suis derrière mon bureau de huit heures à six heures du soir, mais j'aime écrire des **(12)** ___ et dessiner des **(13)** ___.

Stéphanie

Aider les autres, surtout les personnes âgées et les enfants, c'est très **(14)** ___ pour moi. Je m'occupe des **(15)** ___ personnels de toutes sortes de personnes, par exemple, les **(16)** ___ qui ont des enfants difficiles, ou les jeunes qui n'ont pas de maison.

Laurent

Mon métier est un métier extraordinaire. Depuis l'âge de six ans, je fais du **(17)** ___ et j'adore être sur scène. Il y a beaucoup de répétitions et je ne suis pas **(18)** ___, mais jouer un rôle dans un film ou à la télé, c'est comme dans un rêve …

2 Quel est le métier de chaque personne?

Exemple: Marianne est …

agriculteur/agricultrice

assistant(e) social(e)

joueur de foot professionnel

acteur/actrice

informaticien(ne)

architecte

3 En groupes. Copiez la grille. Interviewez quatre personnes et notez les réponses.

Prénom	Habite à	Depuis	Vient de	Aime/n'aime pas	Voudrait être

- Comment t'appelles-tu?
- Où habites-tu?
- Depuis quand?
- D'où viens-tu?
- Qu'est-ce que tu aimes et qu'est-ce que tu n'aimes pas?
- Quel métier voudrais-tu faire?

> je voudrais être … = I would like to be …

 4 Choisis une ou deux des personnes de ton groupe, et écris un paragraphe sur chacune.

Exemple:

> Megan habite à Ipswich, une assez grande ville dans l'est de l'Angleterre, depuis douze ans, mais elle vient de Wakefield dans le nord de l'Angleterre. Elle aime beaucoup le sport. La natation, c'est sa passion.
>
> Par contre, elle n'aime pas les devoirs et elle déteste les rats. Plus tard, Megan voudrait être professeur de sport parce qu'elle aime les enfants et le sport.

5 Lis, écoute et chante!

QUEL TEMPS FAIT-IL?

Quel temps fait-il
Aujourd'hui à Paris? (4×)
Il fait beau, beau, beau,
Bravo, il fait chaud!
Quel temps fait-il
Aujourd'hui à Bordeaux? (2×)
Refrain:
Il y a du brouillard,
Oh là là, il fait froid;
Il y a du vent,
Il neige un peu,
Oh là là …
Et il pleut …
Quel temps fait-il
Aujourd'hui à Paris?

Il fait beau, beau, beau,
Bravo, il fait chaud!
Quel temps fait-il à Bordeaux? (2×)
Refrain:
Il fait beau, beau, beau,
Bravo, il fait chaud!
Quel temps fait-il
Aujourd'hui à Bordeaux? (2×)

Les verbes en -*er* — *-er verbs*

adorer	*to love*
aimer	*to like*
collectionner	*to collect*
détester	*to hate*
écouter	*to listen to*
habiter	*to live*
jouer	*to play*
manger	*to eat*
parler	*to speak, talk*
regarder	*to look at, watch*
travailler	*to work*
voyager	*to travel*

La famille — *The family*

mon demi-frère	*my stepbrother*
mon beau-père	*my stepfather*
ma belle-mère	*my stepmother*
ma demi-sœur	*my stepsister*
mon frère	*my brother*
ma mère	*my mother*
mon père	*my father*
ma sœur	*my sister*
chez nous	*at our house*
divorcé	*divorced*
Il/Elle s'appelle ...	*He/She is called ...*
donc	*therefore*
surtout	*especially*

Les pronoms — *Pronouns*

je	*I*
tu	*you*
il	*he, it*
elle	*she, it*
on	*we, one*
nous	*we*
vous	*you*
ils	*they*
elles	*they (f)*

Les métiers — *Jobs*

Je suis ...	*I am ...*
Il/Elle est ...	*He/She is ...*
au chômage	*unemployed*
coiffeur (coiffeuse)	*a hairdresser*
infirmier (infirmière)	*a nurse*
mécanicien(ne)	*a mechanic*
médecin	*a doctor*
musicien(ne)	*a musician*
professeur	*a teacher*
programmeur (programmeuse)	*a computer programmer*
secrétaire	*a secretary*
serveur (serveuse)	*a waiter/waitress*
vendeur (vendeuse)	*a shop assistant*
Il/Elle travaille dans ...	*He/She works in ...*
un bureau	*an office*
un collège	*a school*
un garage	*a garage*
un hôpital	*a hospital*
un magasin	*a shop*
un restaurant	*a restaurant*
une usine	*a factory*
chez (+ name of firm)	*at (+ name of firm)*

Où? — *Where?*

J'habite dans ...	*I live in ...*
le nord	*the north*
le sud	*the south*
l'est	*the east*
l'ouest	*the west*
le centre	*the centre*
de	*of, from*
l'Angleterre	*England*
l'Écosse	*Scotland*
l'Irlande du Nord	*N. Ireland*
le Pays de Galles	*Wales*
ici	*here*
J'habite ici depuis ...	*I have lived here for ...*
un an	*a year*

un mois	*a month*		
Je viens de l'Écosse.	*I come from Scotland.*		
maintenant	*now*		

Quel temps fait-il? — *What's the weather like?*

il fait chaud	*it's hot*
il fait froid	*it's cold*
il y a du vent	*it's windy*
il y a du brouillard	*it's foggy*
il y a du soleil	*it's sunny*
il y a des orages	*it's stormy*
il neige	*it's snowing*
il pleut	*it's raining*

Les conjonctions — *Connectives*

car	*because*
donc	*therefore*
mais	*but*
ou	*or*
où	*where*
parce que	*because*
puis	*then*
quand	*when*
si	*if*

Les verbes en -*ir* — -*ir verbs*

finir	*to finish*
saisir	*to grab*

Les verbes en -*re* — -*re verbs*

attendre	*to wait for*
descendre	*to go down*

Les verbes irréguliers — *Irregular verbs*

boire (je bois)	*to drink*
lire (je lis)	*to read*
partir (je pars)	*to leave*
prendre (je prends)	*to take*
voir (je vois)	*to see*

Les expressions de temps — *Time expressions*

comme d'habitude	*as usual*
d'habitude	*usually*
quelquefois	*sometimes*
l'après-midi	*in the afternoon*
tous les jours	*every day*
tout de suite	*immediately*

Stratégie 1
Improving your pronunciation

One way of improving your French pronunciation is to listen to famous French people speaking English. They often use French sounds when they're speaking English. They use French intonation too. Intonation is the way the voice goes up and down when you string words together.

Can you imitate a French person speaking English? Why not speak English in a French accent to your teacher? Keep it up for a whole lesson. If this really gets on their nerves, try speaking French with the same accent. Your teacher can't complain about that!

Turn to page 157 to remind yourself of the *Stratégies* you learnt in *Expo 1*.

1 Le week-end dernier
Talking about last weekend
The perfect tense with *avoir*

écouter 1 Qu'est-ce que tu as fait le week-end dernier? C'est quelle image? (1–8)

Exemple: 1 b

a **J'ai joué au foot.**

b **J'ai regardé la télévision.**

c **J'ai acheté des bonbons.**

d **J'ai mangé une pizza.**

e **J'ai écouté la radio.**

f **J'ai aidé mon père.**

g **J'ai téléphoné à mes copains.**

h **J'ai cassé une fenêtre.**

lire 2 Lis le texte et mets les images dans le bon ordre.

Hier, tout d'abord, j'ai acheté des piles pour ma Gameboy, puis j'ai aidé ma mère dans le jardin. Après cela, j'ai téléphoné à ma grand-mère et j'ai mangé des biscuits. Ensuite, j'ai travaillé un peu pour le collège et j'ai écouté de la musique. Après, j'ai regardé un film à la télé et enfin, j'ai joué à ma Gameboy.

Expo-langue ▶ Grammaire 3.11

To form the perfect tense, use the verb **avoir** + the past participle.

j'ai joué	I (have) played
tu as joué	you (have) played
il/elle/on a joué	he/she (has) played/ we (have) played
nous avons joué	we (have) played
vous avez joué	you (have) played
ils/elles ont joué	they (have) played

To form the past participle of **-er** verbs, remove **-er** from the infinitive and replace with **-é**.

a b c d e f g

et = and   puis/ensuite = then
après = afterwards   tout d'abord = first of all
enfin = finally

parler 3 À deux. Continue la phrase serpent.

toutd'abordj'aijouéaufootauparc**puis**j'airegardélatéléchezmoi …

Exemple:
■ Tout d'abord, j'ai joué au foot au parc. Puis, …
● Puis, j'ai regardé la télé chez moi. Après, …
■ Après, …

4 Lis le texte et réponds à la question.

Qui parle: ses parents, ses copains, son frère, sa sœur ou son père?

1 J'ai écouté de la musique.
2 Nous avons mangé à la pizzeria.
3 Nous avons regardé un match de foot.
4 J'ai aidé maman.
5 Je n'ai pas joué au foot.
6 Nous avons joué de la batterie.

Expo-langue ▶ **Grammaire 3.7**

To form a negative in the perfect tense, put **ne ... pas** round the correct part of **avoir**
je **n'**ai **pas** joué au tennis

Alors, le week-end dernier, mon frère n'a pas joué au foot. Il a joué au volley dans le jardin.
Et mon père, lui normalement, il joue au golf. Mais le week-end dernier, il n'a pas joué au golf. Il a écouté de la musique.
Ma sœur, normalement, elle achète des vêtements. Elle achète toujours des vêtements, mais le week-end dernier, elle a acheté des fleurs et des plantes avec ma mère.

Le soir, mes parents n'ont pas mangé à la maison, ils ont mangé à la pizzeria.
Et avec mes copains, j'ai regardé un match de foot à la télé. Oui, normalement, on regarde des DVD, mais un match de foot c'est bien de temps en temps.
Puis après ... attends ... non, je n'ai pas joué de guitare. J'ai joué de la batterie avec mes copains.
Jérôme

 5 Écoute et répète.

J'ai téléphoné, j'ai écouté et j'ai répété

Always pronounce the **é** (e acute) at the end of a word

6 À tour de rôle. Relie les verbes et les images et fais des phrases.

Un week-end affreux

Exemple:

■ a, c'est le participe 'travaillé': J'ai travaillé pour le collège.
● e, c'est le participe 'écouté': Je n'ai pas écouté la radio.

aidé
travaillé
acheté
joué au Scrabble

regardé
joué
mangé
écouté

 Continue le paragraphe.

J'ai passé un week-end ennuyeux. C'était affreux!
Je n'ai pas ...

Hier soir, ...

Nabila

Farid

Anaïs

Stéphane

J'ai lu une BD.

J'ai vu un film d'horreur.

J'ai bu un jus d'orange.

J'ai pris une douche.

Meriem

Frédéric

Bonne nuit.

Fatima

Gilles

J'ai pris des photos.

J'ai dit 'Bonne nuit'.

J'ai fait mes devoirs.

J'ai fait la cuisine.

1 Qui parle? (1–8)

Exemple: **1** Anaïs

2 À deux. Qu'est-ce que tu as fait hier soir?
Fais la phrase la plus longue possible.

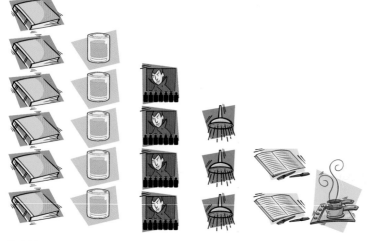

> **Expo-langue** ▶ **Grammaire 3.11**
>
> Here are some irregular past participles.
>
> | | |
> |---|---|
> | prendre (to take) | j'ai pris |
> | dire (to say) | j'ai dit |
> | voir (to see) | j'ai vu |
> | lire (to read) | j'ai lu |
> | boire (to drink) | j'ai bu |
> | faire (to do) | j'ai fait |

3 C'est Anne ou Jonathan? Écris A ou J.

1

2

3

4

5

6

7

4 Regarde les images de l'exercice 3. Qu'est-ce que tu as fait récemment? À tour de rôle. Pose des questions à ton/ta partenaire.

récemment = recently

Exemple:
- ■ Est-ce que tu as fait la cuisine récemment?
- ● Non, je n'ai pas fait la cuisine. Est-ce que tu as fait tes devoirs de maths?

 5 Lis l'e-mail. Trouve et note les participes passés.

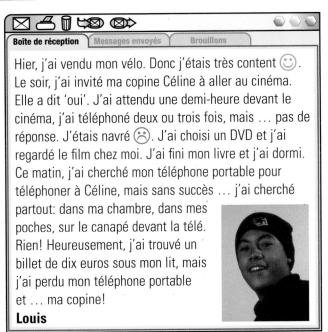

Boîte de réception | Messages envoyés | Brouillons

Hier, j'ai vendu mon vélo. Donc j'étais très content ☺. Le soir, j'ai invité ma copine Céline à aller au cinéma. Elle a dit 'oui'. J'ai attendu une demi-heure devant le cinéma, j'ai téléphoné deux ou trois fois, mais … pas de réponse. J'étais navré ☹. J'ai choisi un DVD et j'ai regardé le film chez moi. J'ai fini mon livre et j'ai dormi. Ce matin, j'ai cherché mon téléphone portable pour téléphoner à Céline, mais sans succès … j'ai cherché partout: dans ma chambre, dans mes poches, sur le canapé devant la télé. Rien! Heureusement, j'ai trouvé un billet de dix euros sous mon lit, mais j'ai perdu mon téléphone portable et … ma copine!
Louis

Expo-langue ▶ **Grammaire 3.11**
More past participles …

L'infinitif	Le participe passé	
attendre	j'ai attendu	to wait for
choisir	j'ai choisi	to choose
dormir	j'ai dormi	to sleep
finir	j'ai fini	to finish
perdre	j'ai perdu	to lose
vendre	j'ai vendu	to sell

navré(e) = annoyed

 6 Corrige les phrases.

1 Louis a vendu sa maison.
2 Il a attendu devant le café.
3 Il a choisi un nouveau portable.

4 Il a perdu son livre.
5 Il a trouvé de l'argent sur le canapé.
6 La copine de Louis s'appelle Cécile.

 7 Écoute et répète.

Il a dit: 'J'ai fini. Je vais au lit. Bonne nuit.'

the 'i' sound
When you say the 'i' sound stretch your mouth wide into a broad cheesy smile and say 'Brie'.

8 Qu'est-ce que tu as fait hier soir? Écris un paragraphe.

Hier soir, tout d'abord, j'ai fait mes devoirs, puis j'ai …

À deux. C'est quelle sorte d'émission?

Exemple:
■ Le numéro 1?
● Le numéro 1 est un dessin animé.

a une série	d un jeu télévisé
b un dessin animé	e un documentaire
c une série policière	f les informations

 1

 2

 3

 4

 5

 6

2 Écoute et vérifie la prononciation.

3 Copie et remplis la grille. Qu'est-ce que tu as regardé hier soir? C'était à quelle heure? C'était comment? (1–6)

Expo-langue ▶ Grammaire 5.6

The 24-hour clock
quatorze heures 14h00
seize heures quinze 16h15
dix-sept heures trente 17h30
vingt heures quarante-cinq 20h45

	Quelle émission	À quelle heure	Opinion
Exemple: 1	1 (Les Simpson)	18h20	c (marrant)

Expo-langue
▶ Grammaire 3.12

Use the phrase
C'était ... (*It was ...*)
to give your opinion
about something you
did or saw.
Exemple:
J'ai regardé
Coronation Street
hier. C'était affreux.

a
intéressant

b
passionnant

c
marrant

d
bien

e
pas mal

f
ennuyeux

g
affreux

h
nul

4 Relie les questions et les réponses.

1 Qu'est-ce que tu as regardé hier soir?

2 C'était comment?

3 C'était à quelle heure?

a C'était à 19 heures 30.

b Ce n'était pas mal.

c Hier soir, j'ai regardé EastEnders.

5 Sondage. Pose les questions de l'exercice 4 à cinq personnes.

6 Lis les e-mails. Note cinq similarités en anglais.

Exemple: Both of them did sport before they watched TV.

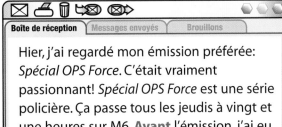

Hier soir, j'ai regardé mon émission préférée qui s'appelle *Les Simpson*. C'est un dessin animé qui passe le jeudi. **Avant** l'émission, j'ai eu mon cours de judo et **après** l'émission, j'ai mangé un sandwich et j'ai fait mes devoirs d'histoire-géo. *Les Simpson* était à dix-huit heures vingt. C'était un peu stupide, mais assez marrant. **Pendant** l'émission, mon petit frère a joué à sa Gameboy et il a fait beaucoup de bruit. Il est embêtant!
Xavier

Hier, j'ai regardé mon émission préférée: *Spécial OPS Force*. C'était vraiment passionnant! *Spécial OPS Force* est une série policière. Ça passe tous les jeudis à vingt et une heures sur M6. **Avant** l'émission, j'ai eu mon cours de tennis et **après** l'émission, j'ai fait mes devoirs de français. **Pendant** l'émission, ma sœur a mangé trois bananes! Elle a fait beaucoup de bruit. Elle est pénible!
Christophe

j'ai eu = I had

avant = before
après = after
pendant = during

7 À deux. Pose les questions et réponds.

1 Quelle est ton émission préférée?
2 C'est quelle sorte d'émission?
3 Ça passe quand?
4 Qu'est-ce que tu as regardé hier soir?
5 C'était à quelle heure?
6 C'était comment?
7 Qu'est-ce que tu as fait avant/ après l'émission?
8 Et ton père/ta mère? Qu'est-ce qu'il/elle a regardé?

Ça passe quand? = When is it on?

Mini-test

I can ...

■ use common verbs in the past with *avoir* to talk about what I did at the weekend/last night
■ say at least five things I did and one thing I did not do
■ say what I watched on TV
■ say what sort of programme it was
■ say when it was on and what it was like

 8 Écris un paragraphe sur toi. Utilise tes résponses aux questions de l'exercice 7.

1 Écoute et mets les images dans le bon ordre.

Tu es sorti(e) samedi?

a

Je suis allé à la piscine.

b

LES VISITEURS 12 *l'Odéon*

Je suis allée au cinéma.

c

Je suis allé à l'aéroport.

d

Je suis restée à la maison.

e

Je suis parti à dix heures.

f

Je suis rentrée à midi.

2 Interviewe quatre personnes.

■ Où es-tu allé(e) samedi? Tu es parti(e) à quelle heure? Tu es rentré(e) à quelle heure?

a b c d

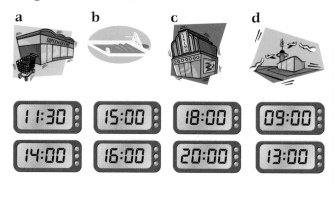

SUPERMARCHÉ

| 11:30 | 15:00 | 18:00 | 09:00 |
| 14:00 | 16:00 | 20:00 | 13:00 |

Expo-langue ▶ **Grammaire 3.11**

With some verbs you use **être** to form the past tense, not **avoir**.

je suis all**é(e)**
tu es all**é(e)**
il/elle est all**é(e)**, on est all**é(s)(es)**
nous sommes all**é(e)s**
vous êtes all**é(e)s**
ils/elles sont all**é(e)s**

Other verbs which also take **être**:
arriver (*to arrive*)
partir (*to go/leave*)
rentrer (*to go back/return*)
rester (*to stay*)
sortir (*to go out/leave*)

3 Copie et complète la grille.
Puis écris des phrases.

Exemple:

Nabil: Je suis allé au centre de sport. Je suis arrivé à 14 heures et je suis parti à 16 heures. Je suis resté deux heures.

Prénom	Où	Arrivé(e)	Parti(e)	Resté(e)
Nabil	au centre de sport	14h	16h	deux heures
Véronique	au cinéma	20h30	?	deux heures et demie
Philippe	à la patinoire	15h	16h30	?
Sara	à la piscine	?	21h	une heure et demie

4 Qui est-ce? Isabelle ou Martin?

Exemple: **a** Martin

Isabelle

Samedi dernier, je suis allée au collège. Je suis rentrée à treize heures. L'après-midi, je suis allée à la piscine. Le soir, je suis sortie pour aller au cinéma, mais j'ai oublié ma carte d'identité et je suis rentrée à la maison pour la chercher. Et finalement, je suis arrivée trop tard au cinéma.

Martin

Moi, dimanche dernier, je suis allé à l'aéroport avec mon père. On est allés chercher ma grand-mère qui arrivait de Guadeloupe. C'est la mère de mon père. Ma mère est restée à la maison pour préparer la chambre. Elle était de très mauvaise humeur! Nous sommes allés à l'aéroport en voiture. C'est assez loin et il y avait beaucoup de circulation. Nous sommes partis vers dix heures et nous sommes arrivés à l'aéroport à treize heures. Heureusement, le vol a eu une heure de retard et ma grand-mère est arrivée à treize heures vingt. Le soir, tout le monde est allé au restaurant.

a b c d **10:00** e **13:00** f

5 Écoute et remplis la grille. (1–4)

	Où	Parti(e)	Arrivé(e)	Autres détails
1		15h		pas mal

6 Écris les paragraphes de Christian et de Nabila.

Le samedi de Christian

Samedi dernier, je suis allé .

Je suis parti à ? .

Je suis rentré à ? .

Le soir, je suis resté

Le samedi de Nabila

Samedi dernier, je suis allé**e** …

parler 1 À tour de rôle. Avant de lire le texte, mets le bon participe passé pour compléter chaque phrase.

1 Les trois filles sont ___ en ville.
2 Elles ont ___ le bus.
3 Noémie a ___ des chaussures.
4 Les filles ont ___ des photos.
5 Elles ont ___ au fast-food.
6 Elles ont ___ avec trois garçons.

acheté   allées   parlé   pris   pris   mangé

lire 2 Lis le texte et vérifie les verbes.

> Mercredi dernier, je suis allée en ville avec deux copines. Nous avons pris le bus. Nous sommes parties vers onze heures. Hélène a acheté un CD. Moi, j'ai acheté des chaussures et un lecteur karaoké. Nathalie a acheté un dinosaure en peluche: c'était un cadeau pour son frère. Nous avons pris des photos marrantes dans un photomaton. Nous avons mangé au fast-food. Nous avons parlé avec trois garçons, mais ils étaient stupides. Après, nous sommes rentrées chez moi, nous avons regardé un film et nous avons fait du karaoké dans ma chambre avec mon nouveau lecteur. **Noémie**

écouter 3 Écoute Mohammed et regarde les images. Trouve dans chaque série les deux images correctes.

casquette = baseball cap

parler 4 À deux. Qu'est-ce que tu as fait le week-end dernier? Fais la phrase la plus longue possible.

Exemple:

■ Je suis parti(e) à 10 heures …
● Je suis parti(e) à 10 heures, j'ai retrouvé mes copains …
■ Je suis parti(e) à 10 heures, j'ai retrouvé mes copains au fast-food …

retrouver = to meet up with

5 Relie les deux parties. Utilise les images pour t'aider.

Exemple: 1 d

1 Samedi dernier, je suis allé à la piscine.

2 J'ai joué au tennis avec mon copain.

3 Puis le soir, je suis allé au cinéma.

4 Le soir, j'ai invité mes copains chez moi et nous avons regardé la télévision.

5 Lundi, j'ai pris le métro pour aller au stade de Bercy à Paris.

Malheureusement, ...

a je suis arrivé trop tard pour voir le film.

b je n'ai pas regardé mon émission préférée parce que mes copains n'aiment pas *Friends*.

c j'ai perdu trois matchs.

d je n'ai pas nagé parce que la piscine était fermée.

e j'ai laissé mon téléphone portable dans le métro.

malheureusement = unfortunately

---

6 Écoute et lis l'extrait de Romain. Trouve les phrases qui manquent.

Exemple: 1 b

a une calculette pour le collège
b une journée affreuse
c mon téléphone portable dans le train
d rencontré ma copine Stéphanie
e le film était nul
f le sac dans la rue
g Tu n'as pas fait tes devoirs!
h je suis arrivé en retard

Cher Damien,

Hier, c'était samedi et j'ai passé **(1)** ___ . D'abord, j'ai laissé **(2)** ___ . Puis j'ai acheté **(3)** ___ , mais malheureusement, j'ai perdu **(4)** ___ . J'ai **(5)** ___ , mais elle était furieuse parce que **(6)** ___ . Donc elle est partie tout de suite. Je suis allé au cinéma tout seul et **(7)** ___ . Quand je suis rentré, ma mère aussi était furieuse. Elle a dit: «**(8)** ___ ».
Amicalement
Romain

donc = so

---

7 Écris la lettre de Romain. Remplace au moins six éléments. Utilise un dictionnaire si tu veux.

Exemple: Hier, c'était *dimanche* et ...

Unité 1

I can

■ talk about what I did at the weekend *J'ai aidé mon père./J'ai acheté des bonbons.*

G use simple *-er* verbs in the past *j'ai joué/j'ai écouté/j'ai mangé*

☞ pronounce words with *é* correctly *j'ai téléphoné/j'ai écouté/j'ai répété ...*

Unité 2

I can

■ talk about what I did recently using more verbs *J'ai lu .../J'ai vu ...*

G use common *-ir* and *-re* verbs in the past *J'ai fini .../J'ai choisi .../J'ai perdu ...*

☞ say the 'i' sound *Il a dit .../J'ai fini./Bonne nuit.*

Unité 3

I can

■ talk about TV programmes I have watched *J'ai regardé ...*

■ talk about what I like and dislike *J'aime les dessins animés.*
  Je n'aime pas les informations.

■ give opinions *C'était ennuyeux/marrant ...*

■ use the 24-hour clock *à dix-neuf heures/*
  à vingt heures trente-cinq

■ say what I did before, after and during *Avant l'émission, j'ai ... /*
  Après, j'ai ... /
  Pendant l'émission, j'ai ...

Unité 4

I can

■ talk about where I went recently *Je suis allé(e) à la piscine.*

G use common *être* verbs in the past *Je suis allé(e)./Je suis parti(e).*

Unité 5

I can

■ use a mixture of verbs in the past *Je suis allé(e) en ville. Nous avons pris le bus ...*

■ use some phrases which show the past *samedi dernier/hier/ce matin*

■ use more words to link phrases *malheureusement/donc/mais*

1 Qu'est-ce qu'ils ont fait samedi dernier? Écoute et remplis la grille. (1–5)

	Où	Parti(e) à	Rentré(e) à	Activité
1	ville	10h		

 2 A Complète les phrases.

Je suis allé(e) au

Je suis allé(e) à la

Je suis parti(e) à `09:00`

Je suis rentré(e) à `18:00`

B Fais des phrases entières.

1

2

 3 Lis les textes et écris la bonne phrase.

Samedi dernier, je suis allé au centre de sport. J'ai pris le bus. J'ai eu mon cours de judo qui a commencé à quinze heures. Le cours a duré une heure. Puis j'ai joué au basket avec des copains. Nous avons joué pendant environ trente minutes. J'ai pris une douche et je suis rentré chez moi. **Sébastien**

Samedi dernier, je suis allée à l'aéroport avec deux copines. Nous sommes allées voir le chanteur de rock Johnny Martin qui va donner un concert au stade de Bercy. Il est arrivé à treize heures quarante. Il est parti en limousine vingt minutes plus tard. Nous avons eu un autographe! **Céline**

1 Sébastien est allé au *centre de loisirs/centre de sport*.
2 Son cours de judo a fini *à seize heures/à dix-sept heures*.
3 Il a joué au basket pendant environ un *quart d'heure/une demi-heure*.
4 Céline est allée *à l'aéroport/à un concert de rock*.
5 Johnny Martin est parti en limousine vers *quinze heures/quatorze heures*.
6 Céline a eu l'autographe *de Johnny Martin/de sa copine*.

 4 Qu'est-ce que tu as fait samedi dernier?

Exemple: Je suis parti(e) à dix heures ...

10h partir
retrouver les copains
10h10 bus
11h centre de sport
nager
tennis

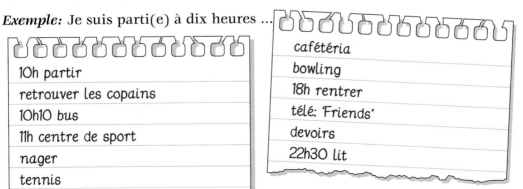

cafétéria
bowling
18h rentrer
télé: 'Friends'
devoirs
22h30 lit

La télévision en France

Lis et écoute.

> En France, les chaînes principales sont TF1, France 2, France 3, M6 et Canal Plus. Il y a bien sûr beaucoup d'émissions françaises, mais on peut aussi regarder des émissions américaines ou anglaises. La majorité des émissions américaines et anglaises sont doublées en français. Vous pouvez trouver le guide des émissions sur le site Internet de chaque chaîne.

Trouve le mot qui manque.

1 M6 est une c■■■n■ de télévision. (channel)
2 les chaînes p■■■■ ■p■l■s (main)
3 il y a beaucoup d'■■■ss■■■s (programmes)
4 c'est en français, b■■■ s■■ (of course)
5 les émissions sont d■■b■■■s (dubbed)
6 c■■q■■ chaîne a un site Internet (each)

Écoute les conversations. Qu'est-ce qu'ils veulent regarder ce soir? Note les émissions. (1–4)

	17.00	18.00	19.00	20.00	21.00
TF1	Beverley Hills *17h20*	Le Maillon faible *18h35*	Star Academy *19h10*	Journal	Film: Matrix *21h05*
France 2	Le Prince de Bel Air *17h50*	Friends *18h15*	Buffy contre les vampires *19h20*	Journal	Urgences *21h10*
France 3	Formule 1 en direct de Monaco *17h*	Le meilleur de Mr Bean *18h10*	Inspecteur Derrick *19h02*	Football France contre Italie *20h35*	
M6	Les Tellytubbies *17h00*	Questions pour un champion *18h10*	Les Splendeurs Naturelles d'Afrique *19h05*	Flash Infos + Météo	X-Files *21h05*
Canal +	La nouvelle famille Addams *19h25*	Les Simpson *18h20*	Les Guignols *19h15*	Star Trek *20h00*	Film: Minority Report *21h*

4 Trouve pour chaque image une opinion dans le texte.

Exemple: a vraiment marrant

a

b

c

d

e

f

| ✉ 🖨 🗑 ✉⟶ ✉⟶ | | | ⬡ ⬡ ⬡ |
| **Boîte de réception** | Messages envoyés | Brouillons | |

Heureusement, j'ai une télé dans ma chambre. Donc je peux regarder ce que je veux. Ma mère adore les séries policières. Moi, je déteste ça. Mon beau-père préfère les informations et les documentaires. Moi, je trouve ça ennuyeux. Je préfère les comédies et les dessins animés. Hier soir, j'ai regardé la télé pendant environ deux heures. D'abord, j'ai regardé *Les Guignols*. Ce n'était pas mal. Puis j'ai regardé *Friends*. C'est une série que je regarde régulièrement, elle passe tous les jours, ce n'est pas mal. Et après cela, j'ai regardé *Les Simpson* qui était vraiment marrant. C'est tous les jeudis. J'ai enregistré *Minority Report* aussi. Je vais peut-être regarder *Minority Report* ce soir, si je n'ai pas trop de devoirs. C'est un film passionnant.
Damien

5 Lis les questions. Trouve les réponses de Damien.

1 Qu'est-ce que tu as regardé hier soir? C'était comment?
2 Est-ce qu'il y a une émission que tu regardes assez régulièrement?
3 C'est quelle sorte d'émission? C'est quel jour?
4 Et tes parents? Qu'est-ce qu'ils aiment regarder?
5 C'est une bonne idée, une télé dans la chambre? Qu'en penses-tu?

Je pense donc je suis.

6 Utilise les questions de l'exercice 5. Interviewe trois personnes.

7 Utilise les questions de l'exercice 5 et écris ton e-mail à un(e) correspondant(e).

Le jeu de Noël

lire 1 Joue avec un dé contre ton/ta partenaire. Note tes activités et tes points. Il faut finir avec le nombre exact.

1 DÉBUT.

2 Je suis allé chez ma grand-mère qui n'a pas de télévision. (−1 pt)

3 Mon labrador a mangé toutes les décorations. (−2 pts)

4 J'ai eu plein de cadeaux: de l'argent et des chocolats, par exemple. (+5pts)

5 On a fait une bataille de boules de neige. Je suis tombé et je suis allé à l'hôpital. (−2pts)

6 J'ai lu trois livres. (+2pts)

7 On a fait un feu d'artifice dans le jardin, mais le garage a brûlé. (−3 pts)

8 La nuit avant Noël, on a attendu jusqu'à minuit pour avoir nos cadeaux. (+5 pts)

9 Le jour de l'an, je suis allé au restaurant avec mes parents et des amis. C'était bon! (+5pts)

10 J'ai beaucoup joué à la console avec mon cousin. Et j'ai gagné! (+4 pts)

11 J'ai fêté Noël avec mes cousins. C'était fantastique. On a fait une soirée karaoké. C'était marrant! (+3 pts)

12 Mon petit frère a fait un spectacle de magie. C'était trop long! (−5pts)

13 J'ai joué au Scrabble avec ma grand-mère. J'ai perdu! (−1 pt)

14 FIN.

écouter 2 Lis, écoute et chante!

La chanson de Noël

J'adore Noël, la fin de l'année
C'est ma fête préférée
Avec les cadeaux
Et les gâteaux
On peut enfin s'amuser

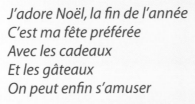

On me donne des vêtements
Mais moi, je préfère de l'argent
On me donne des chocolats
Ou bien un agenda
C'est pareil tous les ans
On me traite comme un enfant

Mais …

J'adore Noël, la fin de l'année
C'est ma fête préférée
Avec les cadeaux
Et les gâteaux
On peut enfin s'amuser

On me donne des chaussettes
Ou encore une calculette
On me donne un petit stylo
Peut-être un album de photos
C'est pareil tous les ans
On me traite comme un enfant

Mais …

J'adore Noël, la fin de l'année
C'est ma fête préférée
Avec les cadeaux
Et les gâteaux
On peut enfin s'amuser

Le week-end dernier — *Last weekend*

J'ai joué au foot.	*I played football.*
J'ai regardé la télévision.	*I watched television.*
J'ai acheté des bonbons.	*I bought some sweets.*
J'ai mangé une pizza.	*I ate a pizza.*
J'ai écouté la radio.	*I listened to the radio.*
J'ai aidé mon père.	*I helped my father.*
J'ai téléphoné à mes copains.	*I phoned my friends.*
J'ai cassé une fenêtre.	*I broke a window.*
Je n'ai pas joué au tennis.	*I didn't play tennis.*
tout d'abord	*first of all*
puis/ensuite	*then*
après	*after*
et	*and*
enfin	*finally*

Hier soir — *Last night*

J'ai lu une BD.	*I read a comic book.*
J'ai vu un film d'horreur.	*I saw a horror film.*
J'ai bu un jus d'orange.	*I drank an orange juice.*
J'ai pris une douche.	*I had a shower.*
J'ai pris des photos.	*I took some photos.*
J'ai dit 'Bonne nuit'.	*I said 'Good night'.*
J'ai fait mes devoirs.	*I did my homework.*
J'ai fait la cuisine.	*I cooked.*
J'ai dormi.	*I slept.*
J'ai fini …	*I finished …*
J'ai vendu …	*I sold …*
J'ai choisi …	*I chose …*
J'ai perdu …	*I lost …*
J'ai attendu …	*I waited …*

Les émissions de télévision — *TV programmes*

une série	*a series*
un dessin animé	*a cartoon*
une série policière	*a police series*
un jeu télévisé	*a game show*
un documentaire	*a documentary*
les informations	*the news*
Ça passe quand?	*When is it on?*
C'était à quelle heure?	*What time was it on?*
C'était à 20h.	*It was at 8 o'clock.*
C'était comment?	*What was it like?*
Quelle est ton émission préférée?	*What is your favourite programme?*
avant	*before*
après	*after*
pendant	*during*

Opinions — *Opinions*

C'était …	*It was …*
intéressant	*interesting*
passionnant	*exciting*
marrant	*funny*
bien	*good*
pas mal	*not bad*
ennuyeux	*boring*
affreux	*terrible*
nul	*rubbish*

Tu es sorti(e) samedi? — *Did you go out on Saturday?*

Je suis allé(e) …	*I went …*
à la piscine	*to the swimming pool*
au cinéma	*to the cinema*
à l'aéroport	*to the airport*
Je suis resté(e) à la maison.	*I stayed at home.*
Je suis parti(e) à …	*I went out at …*
Je suis rentré(e) à …	*I came home at …*
Je suis resté(e) deux heures.	*I stayed for two hours.*

Mon week-end

Je suis allé(e) en ville.	*I went into town.*
Nous avons pris le bus.	*We went on the bus.*
J'ai retrouvé mes copains.	*I met up with my friends.*
Samedi dernier	*Last Saturday*
malheureusement	*unfortunately*
pourtant	*however*
mais	*but*
donc	*so*

Les expressions de temps

Time phrases

ce matin	*this morning*
dimanche dernier	*last Sunday*
hier	*yesterday*
hier soir	*last night*
le soir	*in the evening*
le week-end dernier	*last weekend*
récemment	*recently*

Stratégie 2
Mnemonics

Can anyone help you learn the 13 "unlucky" verbs that use *être* to form the perfect tense?

Ms. Van der Tramp can. She's not actually a person, she's a mnemonic, a phrase consisting of the first letters of each of the verbs in question. In *Expo 1* you learnt how you can use mnemonics to help remember new words.

Look at the 13 verbs on page 138 and link them to all the letters in Ms. Van der Tramp. Or even better, make up your own mnemonic.

Turn to page 157 to remind yourself of the *Stratégies* you learnt in *Expo 1*.

1 Tu veux sortir? Making and reacting to invitations
Using the verb *vouloir*

lire 1 La famille Aucher visite le Futuroscope.
Identifie les attractions.

Exemple: 1 CYBERWORLD

> *Je veux visiter le CYBERWORLD car j'adore la science-fiction.*

Monsieur Aucher

> *Je veux voir le TAPIS MAGIQUE parce que la nature, c'est ma passion.*

> *Je veux aller à la GYROTOUR pour voir de là-haut le parc du Futuroscope en entier.*

Cécile, 14 ans

> *Je veux voir les MÉLODIES AQUATIQUES: de la musique et de l'eau, c'est tranquille!*

Madame Aucher

Adrien, 17 ans

> *Je veux jouer aux jeux vidéo à la CITÉ du NUMÉRIQUE.*

Marc, 8 ans

FUTUROSCOPE: un parc d'attractions incroyable!
1 Un monde futuriste fantastique en 3D
2 L'observatoire du Futuroscope, 45 mètres de haut
3 Un spectacle superbe de jets d'eau sur le lac
4 L'univers des nouvelles technologies du multimédia: jeux d'action, de sport et d'aventures
5 Suivez les superbes papillons dans leur migration des forêts du Canada jusqu'au Mexique.

Illustrateur: Ph. Batini-Vapeurs

écouter 2 Note la personne qui parle et
devine si la réaction est positive ☺,
négative ☹ ou neutre 😐. (1–5)

parler 3 À deux. Invite ton/ta partenaire à voir
une attraction au parc du Futuroscope.
Il/Elle donne une réponse appropriée.

Exemple:
■ Tu veux aller **à la Gyrotour** avec moi?
● Oui, chouette!

☺	😐	☹
Bonne idée!	D'accord.	Tu plaisantes!
Chouette!	Bof, …	Je n'ai pas envie.
Je veux bien.	Ça m'est égal.	Ça ne me dit rien.

Expo-langue ▶ Grammaire 3.9
The verb vouloir (*to want to*)

je veux	I want to
tu veux	you want to
il/elle veut	he/she wants to
on veut	we want to
nous voulons	we want to
vous voulez	you want to
ils/elles veulent	they want to

Vouloir is a **modal** verb.
Modal verbs are followed by the infinitive.
Exemple: je **veux voir** le Tapis magique

4 Écris ces phrases en français.

1 I want to see a film.
2 Do you want to play football?
3 She wants to visit Futuroscope.
4 We want to go to the café.

5 They want to go cycling.
6 We want to come to the cinema.
7 He wants to play tennis.
8 Do you want to go skateboarding?

5 Marc veut désespérément sortir avec Anne-Claire!
Copie et remplis la grille. (1–4)

	Activité proposée	Réaction 😊 ☹	Raison
1			

6 À deux. Prépare une conversation entre une fille et un garçon. Le garçon ne veut pas sortir avec elle!

Expo-langue

Colloquialisms are expressions used in everyday speech.

Exemple:

Ça ne me dit rien! = I don't fancy that!
D'accord = OK
Bof, … = I'm not bothered/not really
Try to use these expressions when you are speaking French in class.

7 Fais le jeu-test. Utilise le glossaire si nécessaire.

Quelle est ta réaction?

1
Tu veux aller au zoo?
(a) Chouette!
(b) Non merci, je trouve ça cruel.
(c) Je n'ai pas envie car je n'aime pas les animaux.

2
Tu veux jouer au golf?
(a) Tu plaisantes! C'est un sport pour les snobs!
(b) Bof, … c'est ennuyeux!
(c) Bonne idée! Je n'ai jamais essayé.

3
Tu veux voir un film de science-fiction?
(a) Je préfère les films romantiques.
(b) Je veux bien.
(c) Je préfère les films comiques.

4
Tu veux faire du baby-sitting avec moi?
(a) D'accord, si on me paie!
(b) Tu plaisantes! Je n'aime pas les enfants.
(c) Bonne idée! J'adore les enfants!

5
Tu veux faire une promenade à la campagne?
(a) Il fait trop froid.
(b) Je préfère regarder la télé.
(c) Chouette! J'aime être en plein air.

6
Tu veux aller en boîte avec les copains?
(a) Bonne idée! J'adore sortir en groupe.
(b) Tu plaisantes! Je déteste danser.
(c) Bon, d'accord …

8 Prépare quatre ou cinq autres questions/réponses pour ce jeu-test.

2 Désolé(e), mais ... Making excuses
Using the verbs *pouvoir* and *devoir*

Benoît Laure Benoît

lire **1** Qui a écrit chaque excuse?

Exemple: a Benoît

a Je suis désolé mais je ne peux pas voir de film ce soir parce que je dois laver la voiture.

b Je ne peux pas sortir avec toi parce que je dois ranger ma chambre.

c Désolée, je ne peux pas jouer au tennis avec toi car je dois promener le chien.

Florence Cécile Malik

d Je suis vraiment désolée, mais je dois rester à la maison; donc je ne peux pas jouer au baby-foot avec toi ce soir.

e Je ne peux pas aller en boîte car je dois faire mes devoirs.

f Ce soir, je dois faire les courses avec maman; donc je ne peux pas faire de promenade avec toi.

avec toi = with you

écouter **2** C'est chez qui? (1–6)

Exemple: 1 Florence

écouter **3** Écoute et lis.

- ■ Salut, tu veux sortir ce soir?

- ● Désolée, mais ce soir, je ne peux pas parce que je dois **faire les courses avec mon père.** Tu peux sortir mercredi?

- ■ Mercredi, je dois rester à la maison avec mon petit frère. On peut **regarder des vidéos** chez moi, mercredi soir, si tu veux.

- ● Bof, ça ne me dit rien! Vraiment, je veux sortir. Tu veux **aller au café ou voir un film** ce week-end?

- ■ Bonne idée! Samedi, je dois **ranger ma chambre** le matin, mais samedi soir, je veux bien. Chouette!

parler **4** Répète la conversation de l'exercice 3. Change les détails.

Expo-langue ▶ Grammaire 3.9

Two more modal verbs:

pouvoir	*to be able to*
je peux	I can
tu peux	you can
il/elle/on peut	he/she/we can
nous pouvons	we can
vous pouvez	you can
ils/elles peuvent	they can

devoir	*to have to*
je dois	I must
tu dois	you must
il/elle/on doit	he/she/we must
nous devons	we must
vous devez	you must
ils/elles doivent	they must

With negatives, **ne ... pas** forms a sandwich around the modal verb.

Exemple: je <u>ne</u> peux <u>pas</u> sortir
il <u>ne</u> veut <u>pas</u> aller à la fête.

5 Lis la lettre, puis choisis la meilleure réponse.

COURRIER DU CŒUR

Chère Lucille,

Je t'écris car j'ai un problème avec mes parents. J'ai 14 ans et le soir, je veux sortir. J'ai envie de voir mes copains et d'aller au café pour boire un coca ou jouer au baby-foot. Mais mes parents disent que je ne peux pas. Ils pensent que mes copains fument et qu'on boit de l'alcool, mais ce n'est pas vrai. Je dois partir pour le collège à 7h, mais pourquoi est-ce que je dois me coucher à 21h tous les jours, même le samedi? Ce n'est pas juste!

Hélène

a Hélène, tu dois rester à la maison avec ta famille. On ne peut pas sortir et aller au café à l'âge de 14 ans.

b Invite tes parents à venir au café avec toi! Comme ça, ils vont voir que vous ne fumez pas et que vous ne buvez pas.

c Demande à tes parents si tu peux aller au café le mardi et le samedi, quand il n'y a pas de collège le lendemain.

d Invite tes copains à venir chez toi pour regarder des DVD et pour rencontrer tes parents. Comme ça, ils vont voir que tes copains ne sont pas des monstres!

6 Copie et complète les phrases sur les problèmes de Théo.

1 Théo habite à Lyon depuis ——.
2 Mais ses parents veulent ——.
3 Théo a —— ans.
4 Il veut ——.
5 Le soir, Théo veut ——.
6 Mais il doit ——.
7 Si ses parents ne changent pas, Théo va ——.

7 Écris une lettre à Lucille pour expliquer tes problèmes de famille. Utilise la lettre d'Hélène pour t'aider.

You:
• are Alex, aged 14.
• live with mum and stepdad.
• want to watch TV or play football in evenings.
• want to go to disco or to cinema on Saturdays.
• must stay at home and do homework every day.
• must tidy bedroom on Saturdays.
• can't go out.
• think it's not fair.

1 Écoute et répète.

a un haut

b un jean

c un jogging

d un maillot de foot

e un pantalon

f un polo

g un pull

h un sweat

i un tee-shirt

j une chemise

k une jupe

l une robe

m une veste

n des baskets

o des chaussures

2 Écoute et lis la conversation.

Luc: Salut, Marie! Tu sais que je vais en boîte ce soir avec Emmeline?

Marie: Ah, c'est toi, Luc, salut! Oui, qu'est-ce que tu vas porter?

Luc: Ben, voilà! Regarde! Je vais porter ce jean bleu, cette chemise blanche, cette jolie veste rouge et ces chaussures noires. Je vais être cool, non?

Marie: Oh, écoute, Luc! Tu plaisantes! Je pense que ce jean est vraiment moche. Cette chemise et cette veste sont très démodées. Tu n'es pas ton père! Et ces chaussures! Franchement, à mon avis tes chaussures sont nulles.

Luc: Oh, Marie, je dois sortir dans une heure! Qu'est-ce que je peux faire?

Marie: Je vais venir chez toi tout de suite et je vais choisir tes vêtements avec toi. À tout de suite!

Luc: Merci!

Expo-langue ▶ Grammaire 2.1

Most adjectives come after the noun.
Exemple: un sweat **noir** = a black sweatshirt

Some common adjectives come before the noun
Exemple: une **jolie** veste = a nice jacket

	masculin	*féminin*
singulier	un joli pull	une jolie veste
pluriel	des jolis pulls	des jolies vestes

moche = awful
démodé = old-fashioned

À deux. Prépare des conversations.

Exemple: 1

■ Qu'est-ce que tu vas porter à la fête?

● Je vais porter **ce pantalon noir, cette veste noire, ce tee-shirt blanc et ces chaussures bleues**.

■ Je pense que **la veste est jolie, mais les chaussures sont moches**.

1 pour aller à une fête

3 pour aller à un mariage

2 pour aller au cinéma

4 pour aller à un match de foot

 Écoute et répète aussi vite que possible.

Les chaussures de l'archiduchesse, sont-elles sèches ou archi-sèches?

 Qu'est-ce que tu penses de chaque look? Écris un paragraphe pour chaque dessin.

Je pense que	ce	pantalon	est	moche(s)
Franchement,	cette	veste		démodé(e)(s)
À mon avis,	ces	baskets	sont	nul(le)(s) cool joli(e)(s)

Décris le look d'une vedette de la musique que tu admires. Ajoute une photo si possible.

Exemple: La vedette que j'admire, c'est ...
D'habitude, il/elle porte ...

lire 1 **Lis le texte. Puis note les sortes de magasins avec leur équivalent en anglais.**

Exemple:
un magasin de sport
= a sports shop

À Niort, il y a un centre commercial super où les jeunes vont le mercredi avec leurs copains. Là, il y a un magasin de sport, une librairie et un magasin de musique. En plus, il y a plusieurs magasins de vêtements et aussi un magasin de chaussures. Dans le centre commercial, on peut acheter plein de choses. Pour les adultes, il y a un supermarché, la poste, bien sûr, une pharmacie, une boulangerie et une boucherie. Enfin, après les courses, on peut aller au café où on peut prendre un coca ou boire un café.

écouter 2 **Note le nom de ces six chaînes de magasins en France, et aussi la sorte de magasin.**

Exemple: Printemps: grand magasin

parler 3 **À deux. Décris les magasins dans cette ville.**

Exemple: Il y a une boulangerie qui s'appelle La Brioche Dorée, ...

4 Identifie des expressions utiles pour joindre les phrases de l'exercice 1.

Exemple: où, là, en plus, …

Écris un paragraphe sur les magasins dans un centre commercial près de chez toi.

5 Écoute et complète la conversation dans le magasin de vêtements.

Vendeur: Bonjour, mademoiselle, je peux vous aider?
Cliente: Oui, monsieur, je voudrais **(1)** ▬, s'il vous plaît.
Vendeur: Quelle taille?
Cliente: Taille **(2)** ▬, s'il vous plaît.
Vendeur: Et quelle couleur voulez-vous, mademoiselle?
Cliente: **(3)** ▬, s'il vous plaît.
Vendeur: Attendez un instant … voilà.
Cliente: C'est combien, s'il vous plaît?
Vendeur: C'est **(4)** ▬ euros, mademoiselle.
Cliente: Mmmm … avez-vous quelque chose de moins cher?
Vendeur: Oui, **(5)** ▬ est à **(6)** ▬ euros.
Cliente: D'accord, merci.
Vendeur: De rien, mademoiselle. Vous devez payer à la caisse.

6 Trouve le français pour:

1 Can I help you?
2 I would like …
3 What size?
4 What colour?
5 How much is it?
6 Do you have anything cheaper?
7 You must pay at the cashdesk.

> **Expo-langue**
> ▶ **Grammaire 2.4**
> **moins cher** means *less expensive* or *cheaper*
> **plus cher** means *more expensive*

7 À deux. Répète la conversation de l'exercice 5 et remplis les blancs.

> When you are buying shoes, the word for *size* is **la pointure**.

a taille 44 — 55 € → 45 €

b taille 40 — 78 € → 62 €

c pointure 38 — 40 € → 32 €

8 À deux. Regarde ta liste d'achats. Écris la conversation dans un magasin de sport.

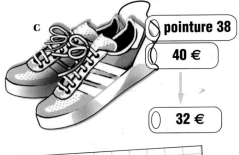

baskets (44)
maillot de foot (France, 36)
jogging (noir ou bleu marine)

5 La Cité de l'Europe
Understanding a longer text including mixed tenses
Using comparatives and superlatives

Chère Anna,

J'ai passé une semaine fantastique chez toi en France. Merci beaucoup! Dis bonjour à tes parents qui sont vraiment sympas.

Le voyage du retour s'est bien passé. On est arrivés un peu en avance à Calais pour prendre le tunnel sous la Manche, et on a profité des deux heures pour aller à la Cité de l'Europe. C'est le plus grand centre commercial du nord de la France, et c'est vraiment chouette! Il y a plein de magasins de vêtements, mais j'ai trouvé les vêtements un peu trop chers. Heureusement, il y a aussi un immense hypermarché qui s'appelle Carrefour. Là, tout est moins cher. J'ai acheté un sweat qui est vraiment super. Leïla a acheté un sweat aussi, mais plus grand et en noir. J'ai vu un très joli blouson en cuir noir, mais il était trop cher ...

À 16 heures, nous sommes tous remontés dans le car, mais Robert (le garçon le plus bête de la classe ...) n'était pas là. Je dois dire que les profs n'étaient pas très contents! Il est arrivé 30 minutes plus tard, désolé et vraiment embarrassé ...

Heureusement, on n'a pas manqué le train et je suis rentrée chez moi cinq heures plus tard. Demain, on va voir mes grands-parents à Leeds.

Et toi? Ça va bien? Écris-moi vite.

Grosses bises   Lulu

lire 1 Lis la lettre. Vrai ou faux?

1 Lulu écrit de chez elle.
2 Anna a passé une semaine chez Lulu.
3 Lulu a voyagé avec ses parents.
4 Elle est allée dans un centre commercial.
5 Elle a acheté un blouson en cuir.
6 Un garçon est arrivé en retard.
7 Lulu va rester chez elle demain.

lire 2 Copie et complète.

1 Les parents d'Anna sont ▭ sympas.
2 La Cité de l'Europe est le ▭ grand centre commercial du nord de la France.
3 Les magasins de vêtements sont un peu ▭ chers.
4 Au hypermarché, les vêtements sont ▭ chers.
5 Robert est le garçon le ▭ bête de la classe.
6 Robert était ▭ embarrassé parce qu'il est arrivé en retard.

Expo-langue ▶ Grammaire 2.4

The **comparative** is used when you are comparing two people or things.

plus (*more*)	grand(e)	que
moins (*less*)	intéressant(e)	
	cool	

Exemple: Paul est **plus grand que** Louise = Paul is *taller than* Louise

The **superlative** is used to say who/which thing is the biggest, coolest, etc.
For adjectives which come before the noun:
le **plus grand** garçon de la classe

For adjectives which come after the noun:
la fille la **plus cool** de la classe

3 Que penses-tu? Complète les phrases avec *plus* ou *moins*.

1 L'anglais est ▬▬ intéressant que les maths.
2 *EastEnders* est ▬▬ amusant que *Coronation Street*.
3 Tesco est ▬▬ cher que Sainsburys.
4 Manchester United est ▬▬ fort qu'Arsenal.
5 La France est ▬▬ grande que l'Angleterre.
6 Le français est ▬▬ ennuyeux que la géographie.
7 Juliette Binoche est ▬▬ jolie que Kylie Minogue.

4 À deux. Prépare des conversations.

> tu es d'accord? = do you agree?
> à mon avis = in my opinion

Exemple: 1
■ Je pense que l'histoire est plus difficile que la géographie. Tu es d'accord?
● Non, à mon avis, l'histoire est moins difficile que la géographie.

1   difficile
2 Lisa Simpson   Bart Simpson   bête
3 le Prince William   le Prince Charles   beau
4 la grammaire   la lecture   intéressante
5 Madonna   Kylie   jolie

5 Écoute cette description d'une visite à la Cité de l'Europe.
Réponds aux questions en anglais.

1 When did Romain and Magali go to the 'Cité de l'Europe'?
2 What did Magali buy?
3 Why did Romain not buy any CDs?
4 What did they do at 'Pizzaman'?
5 What is Romain going to do next weekend?
6 Did Romain enjoy the trip? Why (not)?

6 À deux. À tour de rôle. Utilise ces images et présente ta journée à la Cité de l'Europe. Ajoute aussi d'autres détails pour faire une description plus intéressante.

> *Mercredi dernier, je suis allé(e) à la Cité de l'Europe avec mon copain, Bruno. Bruno a les cheveux bruns et les yeux bleus, et il est très amusant …*

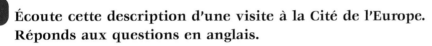

1    2    3    4    5    6    7

 7 Raconte ton après-midi dans un centre commercial près de chez toi.

Unité 1

I can

- ▪ invite someone out
- ▪ react to an invitation
- G use the verb *vouloir*

Tu veux aller voir un film?
Bonne idée!/Tu plaisantes!
je veux/tu veux/il veut …

Unité 2

I can

- ▪ give excuses

- G use the verb *devoir*
- G use the verb *pouvoir*
- G use modal verbs with negatives

*Désolé(e), mais je dois faire
   mes devoirs.*
je dois/tu dois/il doit …
je peux/tu peux/il peut …
Je ne peux pas aller au cinéma.

Unité 3

I can

- ▪ describe clothing and its colour
- ▪ say what I think of clothing
- G use adjectives correctly
- G use the near future tense
- G use the different words for 'this' correctly

un jogging bleu/une chemise blanche
c'est démodé/joli
un jogging noir/une jolie veste
Je vais porter …
ce tee-shirt/cette veste/ces baskets

Unité 4

I can

- ▪ say what shops are in a shopping centre

- ▪ buy clothes

- G use *plus/moins* + adjective

*Il y a une boulangerie, un grand
   magasin, une librairie, …*
*Je voudrais un sweat./
   C'est combien?/Avez-vous quelque
   chose de moins cher?*
c'est plus/moins cher

Unité 5

I can

- ▪ understand a longer text with
   mixed tenses
- ▪ understand and write a longer text

- G use comparative and superlative
   adjectives

*J'ai passé un bon week-end,
   dis bonjour à tes parents …*
*Samedi, je suis allé(e) au centre
   commercial «Grande Place» avec
   ma copine Sarah …*
*Le français est plus/moins intéressant
   que l'anglais./C'est le garçon le plus
   bête de la classe.*

écouter **1** Copie et remplis la grille. (1–4)

	Activité proposée	Réaction 😊 😞	Raison
1			

parler **2** À deux. Prépare ces conversations.

Exemple: 1
- ■ Tu veux **voir un film**?
- ● Désolé(e), mais je ne peux pas.
- ■ Pourquoi?
- ● Je dois **rester à la maison**.

lire **3** Lis le texte et mets les images dans le bon ordre.

Hier, j'ai passé une journée très ennuyeuse. Le matin, j'ai rangé ma chambre et après, je suis allé au centre commercial. Je suis allé dans un magasin de vêtements où j'ai acheté un pantalon. Ensuite, je suis allé à la boulangerie et puis à la librairie. Le soir, j'ai promené le chien et après je suis resté à la maison. Bof!

écrire **4** Tu es allé(e) en ville. Raconte.

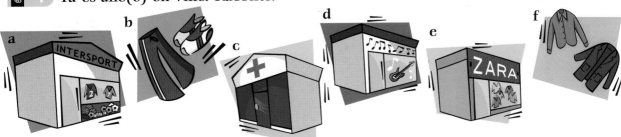

La mode

SONDAGE SUR LES VÊTEMENTS ET LA MODE

Les élèves de la classe de 5ᵉ au Collège M. Alin à Frignicourt en France donnent leurs opinions.

QUESTION 1: Qu'est-ce que tu portes au collège?

Il n'y a pas d'uniforme scolaire en France, mais les élèves de cette classe ont tendance à porter la même chose!

71% portent un jogging ou un survêtement.

66% portent un jean.

58% portent un tee-shirt.

En été, 25% des élèves portent un short ou un bermuda.

QUESTION 2: Quelles sortes de vêtements préfères-tu?

Les vêtements les plus populaires, ce sont les vêtements de sport.

«Je suis à l'aise dans un jogging» dit **Salina**, 12 ans.

David, 13 ans, dit qu'il préfère les shorts et les maillots car: *«c'est plus décontracté».*

Certains préfèrent les marques parce que c'est à la mode. **Sébastien**, 13 ans, dit: *«Je trouve les Levi's très cool».*

Plusieurs élèves préfèrent les vêtements qui sont assez larges et trop grands. **Coralie**, 13 ans, dit: *«J'aime bien les pantalons larges ou les longues jupes parce que je n'aime pas porter les vêtements serrés».*

Thomas, 13 ans aussi, est d'accord: *«Je préfère les vêtements de skateurs.»*

Enfin, **Floriane**, 13 ans, aime aussi ce genre de style, mais elle préfère: *«les pantalons à pattes d'éléphant».*

---

lire 1 **Trouve ces mots dans le texte. Utilise le contexte pour choisir la définition correcte.**

a	un survêtement:	*a tracksuit/an overcoat*
b	décontracté:	*formal/relaxed*
c	une marque:	*a famous brand/a mark*
d	large:	*big/wide*
e	serré:	*tight/loose*
f	un pantalon à pattes d'éléphant:	*flared trousers/straight trousers*

lire 2 **Relie l'image et la personne.**

Exemple: Salina = c

a  **b**  **c**  **d**  **e**  **f**

écouter 3 Écoute la conversation.

a Qui pense que la mode est importante?
b Qui trouve quelquefois la mode importante?
c Qui ne s'intéresse pas à la mode?

Florian
Isaline
Mélodie

parler 4 En groupes. Donnez vos opinions sur la mode.

Exemple:

■ Quelle est ton opinion sur la mode?
● À mon avis, la mode (n')est (pas) très importante parce que ...

C'est joli.

Mes parents achètent mes vêtements.

J'aime être différent(e).

Je choisis les vêtements que je préfère.

Je préfère les vêtements de marques.

C'est stylé.

C'est cher.

● Tu es d'accord?

lire 5 Lis les opinions en utilisant le glossaire. Pour chaque opinion, décide si tu es d'accord (✔) ou pas d'accord (✘).

Qu'est-ce que tu penses de l'uniforme scolaire?

Salina
Je pense que l'uniforme est une idée stupide car on peut alors confondre les élèves les uns avec les autres.

C'est idiot car au collège, on doit être à la mode.
Florian

C'est juste. Comme ça, tout le monde a la même chose.
Pierrick

Ce n'est pas mal car ça limite le racket.
Isaline

Ce n'est pas top car ça gâche la personnalité et le style.
Lydia

Je pense que l'uniforme scolaire est trop strict.
David

écrire 6 Réponds à ces questions.

● Quelles sortes de vêtements préfères-tu?
  Je préfère les ... parce que ...

● Quelle est ton opinion sur la mode?
  À mon avis, la mode (n')est (pas) très importante parce que ...

● Qu'est-ce que tu penses de l'uniforme scolaire? Pourquoi?
  Je pense que l'uniforme scolaire est une bonne/mauvaise idée parce que ...

On sort

1 Mets les phrases dans le bon ordre pour faire une conversation.

Exemple: d, …

a ■ **D'accord, demain, c'est bon. On se retrouve où?**

b ● **Je vais porter mon pantalon noir et mon pull rouge.**

c ● **Disons … chez moi.**

d ■ **Tu as envie de sortir avec moi?**

e ■ **Qu'est-ce que tu vas porter?**

f ● **Demain soir ou après-demain, si tu préfères.**

g ● **Oui, je veux bien.**

h ■ **On se rencontre à quelle heure?**

i ■ **Quand?**

j ● **Vers vingt heures.**

k ■ **Chouette! À demain!**

2 Écoute et vérifie.

3 À deux. Prépare ces conversations.

1

lundi

rendez-vous = 14h30,

2

après-demain

rendez-vous = 19h30,

4 Tu as accepté une des invitations de l'exercice 3. Écris une lettre à ton/ta correspondant(e) pour décrire la sortie. Invente des détails et donne ton opinion sur la sortie.

Attention! La plupart de tes verbes doivent être au passé composé.

5 Lis, écoute et chante!

Les excuses

Tu veux sortir?
Je ne peux pas,
Je dois laver le pain ...
Tu veux danser?
Je ne peux pas.
Je dois dessiner le chien ...

Refrain
Des excuses, des excuses,
Ce sont sans doute des ruses.
Des excuses, des excuses.
C'est clair: tu refuses!

Tu veux sortir?
Je ne peux pas.
Je dois réparer ma trompette.
Tu veux danser?
Je ne peux pas,
Je dois manger la moquette.

Refrain

Tu veux sortir?
Je ne peux pas,
Je dois promener mon chat.
Tu veux danser?
Je ne peux pas,
Je dois acheter un bras
en plastique
pour le frère
de la mère
de mon coiffeur
qui habite
en Angleterre
...

Refrain

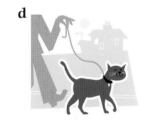

6 Mets les images dans le bon ordre.

Exemple: b, ...

7 Invente d'autres couplets à cette chanson.

Exemple: Tu veux ...?
Je ne peux pas,
Je dois ...
Tu veux ...?
Je ne peux pas,
Je dois ...

Activités — *Activities*

Tu veux ...	*Do you want to ...*
voir un film?	*see a film?*
jouer au football?	*play football?*
visiter Futuroscope?	*visit Futuroscope?*
aller au café?	*go to the café?*
faire du vélo?	*go cycling?*
jouer au tennis?	*play tennis?*
faire du skate?	*go skateboarding?*

Réactions — *Reactions*

Bonne idée!	*Good idea!*
Chouette!	*Great!*
Je veux bien.	*I'd like that.*
D'accord.	*OK.*
Bof, ...	*Well .../So what?*
Ça m'est égal.	*I don't mind.*
Tu plaisantes!	*You must be joking!*
Ça ne me dit rien.	*I don't fancy that.*
Je n'ai pas envie.	*I don't want to.*

Des excuses — *Making excuses*

Désolé(e), mais je ne peux pas ...	*I'm sorry, but I can't ...*
Je dois ...	*I have to ...*
faire les courses	*go shopping (for food)*
faire mes devoirs	*do my homework*
laver la voiture	*wash the car*
promener le chien	*walk the dog*
ranger ma chambre	*tidy my room*
rester à la maison	*stay at home*

Les vêtements — *Clothes*

Je vais porter ...	*I'm going to wear ...*
des baskets (f)	*some trainers*
des chaussures (f)	*some shoes*
une chemise	*a shirt*
un haut	*a top*
un jean	*a pair of jeans*
un jogging	*a pair of tracksuit bottoms*
une jupe	*a skirt*
un maillot de foot	*a football top*
un pantalon	*a pair of trousers*
un polo	*a polo shirt*
un pull	*a jumper*
une robe	*a dress*
un sweat	*a sweatshirt*
un tee-shirt	*a tee-shirt*
une veste	*a jacket*
une veste noire	*a black jacket*
un tee-shirt blanc	*a white tee-shirt*
ce pantalon noir	*this pair of black trousers*
cette veste bleue	*this blue jacket*
ces baskets	*these trainers*

Les opinions — *Opinions*

à mon avis ...	*in my opinion ...*
franchement ...	*frankly ...*
je pense que ...	*I think (that) ...*
la veste est cool	*the jacket's cool*
démodé(e)	*old-fashioned*
joli(e)	*pretty, nice*
moche	*awful*
nul(le)	*awful, rubbish*

Au centre commercial
At the shopping centre

Il y a …	*There is …*
une boucherie	*a butcher's*
une boulangerie	*a baker's*
un café	*a café*
une librairie	*a bookshop*
un magasin de chaussures	*a shoe shop*
un magasin de musique	*a music shop*
un magasin de sport	*a sports shop*
un magasin de vêtements	*a clothes shop*
une pharmacie	*a chemist's*
la poste	*the post office*
un supermarché	*a supermarket*

Dans un magasin
In a shop

Je peux vous aider?	*Can I help you?*
Je voudrais …	*I would like …*
Quelle taille?	*What size?*
Quelle couleur?	*What colour?*
la pointure	*shoe size*
C'est combien?	*How much is it?*
Avez-vous …?	*Have you got …?*
quelque chose de (+ adj)	*anything*
Voilà.	*Here you are.*
cher (chère)	*expensive*
très	*very*
trop	*too*
plus cher	*more expensive*
moins cher	*cheaper*

Les comparaisons
Comparisons

L'histoire est …	*History is …*
plus difficile que le français.	*harder than French.*
plus intéressant que le français.	*more interesting than French.*
plus ennuyeux que le français.	*more boring than French.*
Kylie est …	*Kylie is …*
plus jolie que …	*prettier than …*
C'est le garçon…	*He's …*
le plus/moins … de la classe	*the most/least … boy of the class.*

Stratégie 3
Faux amis

In *Expo 1* you learnt how to use cognates and near-cognates to help you work out the meaning of French words. These are words that are spelt exactly the same or nearly the same as English words and have the same meaning as in English. But you must be careful – there are some French words spelt the same as in English that mean something completely different. These are known as *Faux amis* (false friends).

Look at the word lists on these pages. What do these French words mean in English?

courses
porter
baskets
jogging

Now find on these pages two more articles of clothing and one shop, all of which are *Faux amis*.

Turn to page 157 to remind yourself of the *Stratégies* you learnt in *Expo 1*.

1 Bon appétit! Talking about food
The definite article after *aimer* and *préférer*

a
le fromage

b
le poulet

c
le poisson

d
le pain

e
le beurre

f
la viande

g
les pommes de terre

h
les œufs

écouter 1 Écoute Mériem et Mustafa, et regarde les images. Qu'est-ce qu'ils aiment et qu'est-ce qu'ils n'aiment pas? Remplis la grille.

	Mériem	Mustafa
	☺ ☹	☺ ☹
fromage	☹	

lire 2 Relie les phrases.

en général

ça dépend

par exemple

surtout

pas vraiment/ pas tellement

c'est délicieux

for example

it's delicious

it depends

not really

especially

in general

parler 3 À deux. Utilise les images de l'exercice 1 et les mots de l'exercice 2.

Exemple:
■ Tu aimes le ?

● Non, pas tellement.

Tu aimes  ?

■ Oui, j'aime beaucoup , **surtout** .

Expo-langue ▶ Grammaire 1.3

When you are saying what you like, don't like and prefer, the definite article **le**, **la** or **les** must always be used:

Exemple:
J'aime **le** poisson = I like fish
Je n'aime pas **les** fruits = I don't like fruit
Je préfère **le** pain = I prefer bread

écouter 4 Fruits ou frites? Écoute, répète et trouve la réponse. (1–6)

Tu préfères les fruits ou les frites?
Exemple: 1 a

a

b

fri**te**s: you pronounce the **t** because of the following **e**
fruits: you don't pronounce the **t**

5 Sondage. Pose des questions à trois personnes.

● Qu'est-ce que tu aimes?
● Qu'est-ce que tu n'aimes pas?
● Qu'est-ce que tu préfères?

la santé = health
la nourriture = food
le jambon = ham

 6 Lis les e-mails. Vrai ou faux?

Céline: J'aime beaucoup les fruits. Je mange une banane tous les jours. C'est bon pour la santé. J'aime aussi beaucoup les frites, mais c'est assez mauvais pour la santé. Je n'aime pas les œufs. C'est vrai qu'en Angleterre, tout le monde aime le poisson avec des frites?

Sarah: Non. Ici, en Angleterre, tout le monde adore la nourriture indienne! ☺ Moi, je suis végétarienne depuis deux ans. J'aime le poisson, mais je pense que manger les animaux, c'est cruel et ce n'est pas nécessaire.

Farid: Moi, par contre, j'adore la viande, surtout le poulet. Mais je ne dois pas manger de jambon parce que je suis musulman. C'est contre la religion islamique. Est-ce que tout le monde en France aime les escargots et les cuisses de grenouilles?

Clément: Moi, personnellement, je déteste les escargots, et je n'aime pas les cuisses de grenouilles. Moi, j'ai mangé des escargots une fois et j'ai vomi! C'était dégoûtant. Mais tu sais, en France, tout le monde ne mange pas ça! Je préfère les hamburgers, les bonbons et les chocolats.

1 Céline aime les œufs.
2 Céline n'aime pas les bananes.
3 Sarah n'aime pas le poisson.
4 Sarah habite en France.
5 Farid aime manger de la viande.
6 Farid ne doit pas manger de jambon.
7 Clément n'aime pas les cuisses de grenouilles.
8 Clément a mangé des chocolats et il a vomi.

les cuisses de grenouilles

les escargots

 7 Utilise la grille pour écrire un paragraphe sur cette famille.
Utilise les mots de l'exercice 2.

Qu'est-ce que j'aime manger? Alors, j'aime …, mais je n'aime pas …
En général, je préfère … Et mon père? Il …

	Moi	Mon père	Ma mère	Ma sœur (Élise)	Mon frère (Thierry)
Aime					
N'aime pas					
Préfère					

Le petit déjeuner

Je mange

a des céréales

b des fruits

c du beurre

d de la confiture

e du pain grillé

f un petit pain

g un croissant

Je bois

i du jus d'orange

h du chocolat chaud

j du lait

k du café

l du thé

Expo-langue ▶ Grammaire 1.5

	masculin	féminin	pluriel
the	le	la	les
some	du (de l')	de la (de l')	des

In English we don't always use it, but in French *some* is always put in:

Je bois **du** thé = I drink (some) tea
Je mange **des** céréales = I eat (some) cereal
but:
Je mange **un** croissant = I eat a croissant

Expo-langue ▶ Grammaire 3.7

Rien = *nothing*
In a sentence, **rien** is always used with **ne**:
Je **ne** mange **rien** = I eat nothing/I don't eat anything

1 écouter Écoute Aurélie. Mets les images dans le bon ordre.

2 parler Sondage. Qu'est-ce que tu manges et qu'est-ce que tu bois au petit déjeuner? Demande à cinq personnes.

Exemple:

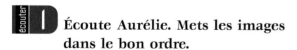

■ Qu'est-ce que tu manges et qu'est-ce que tu bois au petit déjeuner?
● Moi, je mange des céréales et je bois du thé./Moi, je ne mange/bois rien.

Le déjeuner

des crudités

des carottes et des petits pois

un yaourt

un vin blanc

une mousse au chocolat

une salade de tomates

lire 3 Lis le texte et corrige les phrases de Freddy.

1 Au petit déjeuner, je mange huit œufs et je bois trois tasses de café.
2 À midi, je mange un grand steak frites.
3 Le soir, normalement, je mange cinq hamburgers et quatre portions de frites.
4 Le soir, je bois toujours deux litres de vin.
5 Hier soir, j'ai mangé des hamburgers et j'ai bu six cannettes de bière.

Freddy Fonceur, champion cycliste

Généralement, au petit déjeuner, je bois du jus d'orange et je mange des céréales.
À midi, je mange un repas léger: une salade de tomates ou des crudités peut-être, puis un yaourt. D'habitude, le soir vers sept heures, je mange du poisson avec des carottes et des petits pois et comme dessert, une mousse au chocolat. Je bois un peu de vin. Hier soir, par exemple, j'ai mangé du poisson avec des carottes et j'ai bu un bon vin blanc parce que j'ai gagné une compétition dans les Alpes.

parler 4 À deux. Pose les questions et réponds pour Freddy.

Interview de Freddy Fonceur
● Qu'est-ce que vous mangez généralement, au petit déjeuner?
● Qu'est-ce que vous buvez normalement?
● Qu'est-ce que vous mangez à midi?
● Vous mangez à quelle heure le soir?
● Qu'est-ce que vous avez mangé hier soir?

Expo-langue ▶ Grammaire 1.6
Vous is the formal word for *you*.
Use **vous** when talking to an adult who is not part of your family.

parler 5 À deux. Fais une interview et invente les réponses d'une personne célèbre.

Au petit déjeuner/ déjeuner, je (j')	mange/prends/bois/ préfère/ai/aime …

écrire 6 Écris les réponses de ta personne célèbre.

Exemple: Généralement, au petit déjeuner, je mange …

Liste A

un gâteau

des crêpes

des biscuits

des beignets

Liste B

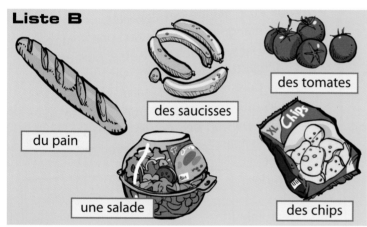

des saucisses

des tomates

du pain

une salade

des chips

Liste C

des raisins

un ananas

des fraises

du fromage

du thon

Expo-langue ▶ Grammaire 4.6

Il faut can be used with any infinitive.
It means *you must* (or *it is necessary to*).
It only exists in the **il** form:
Il faut acheter = You must buy
Il faut inviter = You must invite

écouter 1 Écoute les conversations.
C'est la liste A, B ou C? (1–3)

parler 2 À tour de rôle. Qu'est-ce qu'il faut acheter pour la fête? Note cinq choses en secret.

Exemple:
- Il faut acheter **du fromage**?
- Non.
- Il faut acheter **des beignets**?
- Oui.

lire 3 Copie et complète les phrases.

1 Pour la fête de Mémé, il faut écouter *de la musique classique/de la musique techno.*
2 Il faut faire *du ski/un gâteau d'anniversaire.*
3 Il faut jouer *aux cartes/au foot.*
4 Il faut acheter *des hamburgers/des gâteaux.*
5 Il faut inviter *des supporters de foot/des amis et la famille.*

Mémé

lire **4** C'est l'anniversaire de qui? Écris <u>J</u>anine ou <u>O</u>livier.

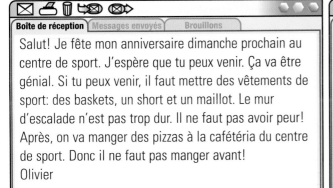

Salut! Je fête mon anniversaire dimanche prochain au centre de sport. J'espère que tu peux venir. Ça va être génial. Si tu peux venir, il faut mettre des vêtements de sport: des baskets, un short et un maillot. Le mur d'escalade n'est pas trop dur. Il ne faut pas avoir peur! Après, on va manger des pizzas à la cafétéria du centre de sport. Donc il ne faut pas manger avant!
Olivier

Salut! J'espère que tu peux venir à ma fête samedi. Ça va être super. Il faut venir déguisé(e) car le thème, c'est la science-fiction. On va faire un concours pour choisir le meilleur costume. Donc il faut faire un petit effort! Nous allons aussi regarder un DVD, mais ça, c'est une surprise! Je sais que tu es fan de science-fiction alors viens!
Janine

avoir peur = to be afraid
meilleur(e) = best

apporter = to bring
un mur d'escalade = a climbing wall

1 Il faut venir samedi.
2 Il faut porter un short.
3 Il faut porter un masque Darth Vader.
4 Il ne faut pas manger avant la fête.
5 Il faut apporter un sabre-laser ou un sabre de lumière.
6 Il ne faut pas avoir peur du mur d'escalade.

écouter **5** Les anniversaires. Écoute les conversations, copie et remplis la grille. (1–2)

	Date	Heure	Activité	Il faut …
1	mercredi 9 mai			

oublier = to forget

parler **6** À deux. Imagine une conversation.

■ Tu peux venir à mon anniversaire?
● Quand?
● À quelle heure?
● Où?
● Il faut apporter quelque chose de spécial?

mer   19h30   20h
sam   dim   21h

au	cinéma/centre de sport/
à la	parc d'attractions/piscine/patinoire
chez moi	
Il faut apporter	des boissons/de l'argent

écrire **7** Écris un e-mail invitant des amis à ton anniversaire.

Mini-test

I can …
■ talk about what food I like, dislike and prefer
■ understand people talking about what they eat and drink
■ give opinions
■ talk about what I need to buy for a party
■ use *du/des*, etc. to mean 'some'
■ use *il faut* + the infinitive

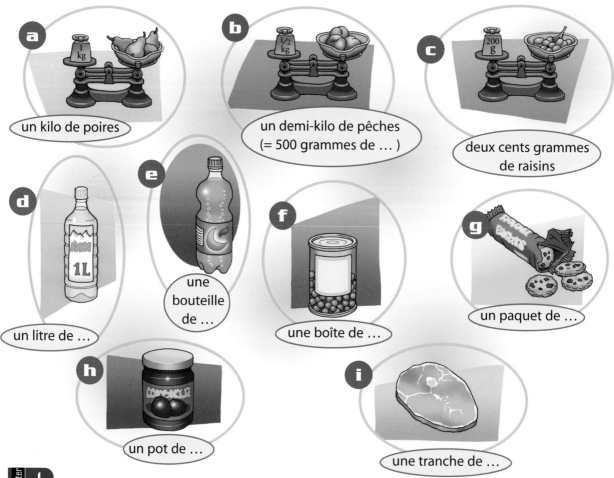

a un kilo de poires

b un demi-kilo de pêches (= 500 grammes de …)

c deux cents grammes de raisins

d un litre de …

e une bouteille de …

f une boîte de …

g un paquet de …

h un pot de …

i une tranche de …

1 Qu'est-ce qu'ils achètent?
Ils paient combien en tout? (1–3)

Expo-langue ▶ Grammaire 4.1

Use **de** after containers and quantities:

un kilo	**de**	pêches
cinq cents grammes	**de**	fromage
une bouteille	**de**	fanta

2 À deux. Lis le dialogue et change les détails.

- ■ Bonjour, **monsieur/madame**.
- ● Bonjour. **Un kilo** de **raisins**, s'il vous plaît.
- ■ … voilà. Et avec ça? Des bananes? Des tomates? Des oranges?
- ● Ça va. C'est tout, merci. C'est combien?
- ■ **Quatre-vingts cents.**
- ● Merci. Au revoir.
- ■ Au revoir, **monsieur/madame**.

écouter 3 Au marché. Qu'est-ce qu'ils ont acheté et combien ont-ils payé?
Prends des notes. (1–3)

parler 4 À deux. Lis et continue les phrases. Utilise les images.

■ Je suis allé(e) au marché et j'ai acheté **500 g de pêches**.
● Je suis allé(e) au marché et j'ai acheté **500 g de pêches**
et **un kilo de poires** ...

écrire 5 Écris tes phrases.

Je suis allé(e) au marché et j'ai acheté ▬▬.

lire 6 Copie le texte et choisis le bon verbe.

1 *travaille/travaillent*	
2 *a/ont*	
3 *cultive/cultivent*	
4 *aide/aident*	
5 *aime/aiment*	
6 *gagne/gagnent*	
7 *aime/aiment*	
8 *est/sont*	

Je m'appelle Marc. Dans ma ville il y a un marché deux fois par semaine. Mon oncle et ma tante **(1)** ▬▬ au marché parce qu'ils **(2)** ▬▬ une ferme. Mon oncle **(3)** ▬▬ des fruits et des légumes. Moi, j' **(4)** ▬▬ au marché le samedi (et le mercredi aussi pendant les vacances). J' **(5)** ▬▬ le travail parce que c'est varié et je **(6)** ▬▬ un peu d'argent pour mes jeux vidéo. Mais je dois me lever à six heures et ça, c'est dur! Les gens **(7)** ▬▬ aller au marché parce que les produits **(8)** ▬▬ moins chers. Est-ce qu'il y a un marché chez toi?

parler 7 Relis le texte et mémorise les faits. À tour de rôle. Complète les phrases.

Exemple: Il y a un marché ... deux fois par semaine.

● Son oncle et sa tante ...
● Marc aide au marché ...
● Il aime le travail parce que ...
● Il gagne de l'argent pour ...
● Les gens aiment aller au marché parce que ...

son/sa/ses = his/her

D Qu'est-ce qu'ils prennent? Écoute les quatre conversations et fais quatre listes. (a–d)

Exemple: **a** 2, 6

Les Boissons

1)	le Coca, l'Orangina, la Limonade	2,10€
2)	l'Eau minérale	1,90€
3)	le Jus de fruit (tomate/pomme/ananas)	2,20€
4)	le Café express ou décaf	1,10€
5)	le Vin rouge 25cl	2,50€

Les Entrées

6)	la Soupe à l'oignon	2,80€
7)	la Salade de tomates	2,50€
8)	le Pâté maison	3,50€
9)	la Salade verte	2,80€
10)	le Pâté aux champignons	3,50€

Les Plats

11)	les Lasagnes	5,80€
12)	les Spaghettis à la bolognaise	5,50€
13)	les Tagliatelles aux champignons et à la crème	5,80€
14)	la Pizza Napoli	6,20€
15)	le Poulet rôti	6,60€
16)	le Steak	8,50€
17)	la Salade niçoise	6,20€
18)	le Poisson du jour	6,50€

Tous nos plats sont servis avec des pommes de terre, du riz ou des frites.
Légumes au choix: haricots, épinards, carottes ou salade

19)	Assiette de fromages	3,80€

Les Desserts

20)	la Mousse au chocolat	2,50€
21)	la Tarte aux pommes	2,40€
22)	la Crème caramel	2,50€
23)	la Glace: vanille, fraise, chocolat, citron, pistache	2,60€

parler 2 À deux. Joue le jeu de rôle.

■ Qu'est-ce que vous voulez comme boisson?
● Je voudrais un/une …

■ Et comme entrée?
● Je prends le/la …

■ Et que voulez-vous comme plat principal?
● Je voudrais le/la/les …

■ Avec des frites?
● Oui, avec des frites et une/des …

■ Voulez-vous un dessert?
● Oui, je prends la …

écouter 3 Écoute la conversation, copie et relie les mots.

menu	s'il vous plaît
please	tout de suite
do you have	le menu
have you finished?	avez-vous
bill	vous avez terminé?
straight away	l'addition

parler 4 À deux. Invente une conversation au restaurant. Utilise le menu de la page 68 et les nouvelles phrases de l'exercice 3.

écrire 5 Écris ta conversation de l'exercice 4.

écrire 6 Fais le menu de ton restaurant idéal.

Unité 1

I can

■ talk about food I like, dislike and prefer

G understand about using the definite article with food and drink

J'adore le poulet./Je n'aime pas les œufs./Je préfère le poisson.
J'aime le fromage et la viande.
Je n'aime pas les œufs.

Unité 2

I can

■ talk about what I have for breakfast and lunch

■ use time expressions to link phrases
G use *du* and *des* correctly with food and drink
G use *rien*

Je mange du pain grillé avec du beurre au petit déjeuner.
À midi, je mange des crudités, ...
généralement/d'habitude
des céréales/du jus d'orange

Je ne mange rien.

Unité 3

I can

■ talk about preparations for a party

G use *il faut* + infinitive

Il faut acheter des chips./Il faut inviter des amis.
il faut aider/il faut faire un gâteau

Unité 4

I can

■ name some common fruits and vegetables

G use *de* with quantities and containers

des poires/raisins/pêches/ tomates
une bouteille de coca; une boîte de thon, un kilo de poires

Unité 5

I can

■ order a meal in a restaurant

Je voudrais le steak; comme boisson, une eau minérale gazeuse.

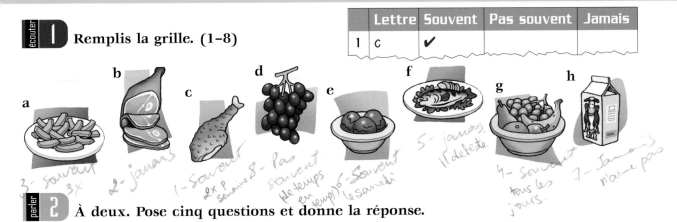

écouter 1 Remplis la grille. (1–8)

	Lettre	Souvent	Pas souvent	Jamais
1	c	✔		

a b c d e f g h

3 – souvent 3x *2 – jamais* *1 – souvent 2x p semaine* *8 – pas souvent de temps en temps* *6 – souvent le samedi* *5 – jamais Il déteste* *4 – souvent tous les jours* *7 – n'aime pas*

parler 2 À deux. Pose cinq questions et donne la réponse.

Exemple:

■ Tu manges souvent **des œufs**?

● Oui, je mange **des œufs** tous les jours/une fois par semaine environ.
Non, je ne mange jamais **d'œufs**.

du poulet rôti	de la pizza
du jambon	du fromage
du pain	du poisson
des frites	du chocolat
des œufs	des hamburgers

lire 3 Lis le texte et réponds aux questions en anglais.

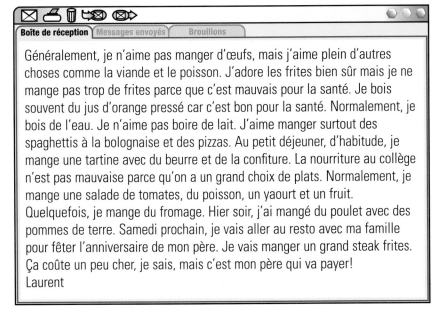

Boîte de réception | Messages envoyés | Brouillons

Généralement, je n'aime pas manger d'œufs, mais j'aime plein d'autres choses comme la viande et le poisson. J'adore les frites bien sûr mais je ne mange pas trop de frites parce que c'est mauvais pour la santé. Je bois souvent du jus d'orange pressé car c'est bon pour la santé. Normalement, je bois de l'eau. Je n'aime pas boire de lait. J'aime manger surtout des spaghettis à la bolognaise et des pizzas. Au petit déjeuner, d'habitude, je mange une tartine avec du beurre et de la confiture. La nourriture au collège n'est pas mauvaise parce qu'on a un grand choix de plats. Normalement, je mange une salade de tomates, du poisson, un yaourt et un fruit. Quelquefois, je mange du fromage. Hier soir, j'ai mangé du poulet avec des pommes de terre. Samedi prochain, je vais aller au resto avec ma famille pour fêter l'anniversaire de mon père. Je vais manger un grand steak frites. Ça coûte un peu cher, je sais, mais c'est mon père qui va payer!
Laurent

1 What does Laurent like to eat and drink?
2 What does he not like?
3 What does he usually have for breakfast?
4 What does he normally have for lunch at school?
5 What does he think of school food?
6 What did he eat yesterday evening?
7 Where is he going to eat next Saturday?
8 What is he going to eat there?

écrire 4 Réponds aux questions et écris un paragraphe.

● Qu'est-ce que tu manges et bois souvent?
● Qu'est-ce que tu manges au collège d'habitude?
● Qu'est-ce que tu ne manges jamais?/Qu'est-ce que tu ne bois jamais?
● Qu'est-ce que tu aimes manger et boire?
● Qu'est-ce que tu as mangé hier soir?

Un dîner désastreux

Hier soir, je suis allé au resto avec ma famille. C'était l'anniversaire de mon père. Il a quarante-deux ans, je crois. On était six personnes: moi, ma mère, mon petit frère Thomas, mon grand-père, ma grand-mère et mon père, bien sûr. C'était super-marrant. Moi, j'ai mangé une pizza napolitaine et mon petit frère Thomas a pris des spaghettis à la bolognaise. Nous avons bu du coca. Mon grand-père a raconté plein de blagues, par exemple:

- **Garçon, il y a une mouche dans ma soupe!**
- **Pas de problème!, dit le serveur. Je vais chercher une araignée tout de suite.**

Tout le monde a rigolé et mon petit frère est tombé de sa chaise et, comme on était juste devant la cuisine, la serveuse est tombée aussi et elle a fait tomber trois assiettes. Puis Thomas a joué avec sa tranche de pain. Il a dit «Regarde mon avion!» Et il a renversé un verre de cognac sur la robe de Mémé. Et pour finir, quand le gâteau d'anniversaire est arrivé, Thomas a essayé de souffler les bougies avant mon père et il a fait tomber une bougie sur la table qui était déjà couverte de cognac. La table a pris feu! Alors, les pompiers sont venus. C'était passionnant! **Thierry**

raconter	= to tell
la blague	= joke
rigoler	= to laugh
tomber	= to fall
renversé	= knocked over
la bougie	= candle
le pompier	= firefighter

1 Lis le texte de Thierry et regarde les images. **Relie les images et les phrases.**

1 La table a pris feu.
2 Thomas a dit «Regarde mon avion!»
3 Il a essayé de souffler les bougies.
4 Il a renversé un verre de cognac.
5 Thomas est tombé de sa chaise.
6 Tout le monde a rigolé.
7 Grand-père a raconté plein de blagues.
8 La serveuse a fait tomber trois assiettes.

2 Qui parle: grand-mère, grand-père, Thomas ou la serveuse? (1–7)

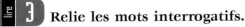

lire 3 Relie les mots interrogatifs.

Qui?   Quel?   Où?

Comment?   Quand?   Combien?

Pourquoi?

When?   Who?

Why?   Where?   Which?

How many?   How?

parler 4 À deux. Relie les questions et les réponses courtes.

1 Où sont-ils allés? Quand?
2 Quel âge a le père de Thierry?
3 Combien de personnes ont fêté son anniversaire?
4 Qu'est-ce que Thierry a choisi?
5 Qu'est-ce que son grand-père a raconté?
6 Pourquoi la serveuse est-elle tombée?
7 Qu'est-ce que Thomas a renversé?
8 Qui a fait tomber une bougie?

a six personnes
b beaucoup de blagues
c au restaurant, hier soir
d Thomas
e quarante-deux ans
f un verre de cognac
g elle n'a pas vu Thomas par terre
h une pizza napolitaine

écrire 5 Regarde les réponses de l'exercice 4 et écris des phrases complètes.

1 ▬▬ a fait tomber une bougie.
2 ▬▬ ont fêté l'anniversaire.
3 Son grand-père a raconté ▬▬.
4 Thierry a choisi ▬▬.
5 Il sont allés ▬▬.
6 Son père a ▬▬.
7 Tom a renversé ▬▬.
8 La serveuse est tombée parce qu'▬▬.

parler 6 Fais des phrases basées sur le texte. Utilise les verbes au passé.

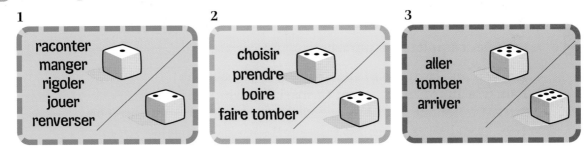

1
raconter
manger
rigoler
jouer
renverser

2
choisir
prendre
boire
faire tomber

3
aller
tomber
arriver

Jette le dé et fais une phrase avec un verbe de la case correspondante.

Exemple:

J'ai un quatre; c'est la liste 2. Je choisis le verbe 'prendre': pris ... «Thierry a pris une pizza.» (Si ta phrase est correcte, tu gagnes 4 points.)

Les spécialités régionales

1 Relie les définitions et les photos.

a

la choucroute

b

la bouillabaisse

c

la crêpe

d

la salade niçoise

e

le cidre

f

le champagne

1 Une boisson alcoolisée faite avec des pommes. Elle vient de Normandie.

2 Un vin très célèbre, blanc et pétillant (c'est-à-dire gazeux!). C'est bon pour les fêtes, les mariages, par exemple. La région autour de Reims est connue pour ce vin très célèbre.

3 Une soupe de poissons et de fruits de mer.

4 Un plat froid. Les ingrédients principaux sont le thon, la laitue, les œufs durs, les tomates et les olives.

5 Un plat chaud fait avec des tranches de chou dans une sauce à base de vinaigre. C'est normalement accompagné de saucisses. C'est une spécialité d'Alsace.

6 Une base très mince, faite avec de la farine, du lait et un œuf. Ce plat est une spécialité de Bretagne. On peut manger ce plat avec toutes sortes de garnitures: par exemple, des marrons, de la confiture, du miel, du citron, des bananes et de la glace.

2 Choisis la bonne réponse: «a» ou «b».

alcoolisée:	un adjectif	**a** masculin		**b** féminin	
principaux:	un adjectif	**a** masculin singulier		**b** masculin pluriel	
boisson:	un substantif	**a** masculin		**b** féminin	
plat:	un substantif	**a** masculin		**b** féminin	
spécialité:	un substantif	**a** masculin		**b** féminin	

3 Copie et complète les phrases.

1 une b■■ss■n très cé■■b■■ (a very famous drink)
2 un vin bl■■■ p■ t■■■ant (a sparkling white wine)
3 n■■■■■■■■ment a■■■■pa■■■ de ... (normally accompanied by ...)
4 to■■■s s■■■■■s de ga■■■t■■■s (all sorts of fillings)
5 avec du t■■■ et de la l■■■ue (with tuna and lettuce)

4 Écoute l'interview de Marc Bénard, chef-cuisinier, et mets les photos de l'exercice 1 dans le bon ordre.

5 Lis, écoute et chante!

Les repas

Au petit déjeuner,
Je mange du pain grillé
Avec des céréales.
Normalement, je bois du lait, du café ou du thé.
Ça m'est bien égal!

Des pommes de terre
Avec des haricots verts
Pour le déjeuner,
Et du camembert avant le dessert!
Non, merci, j'ai assez mangé!

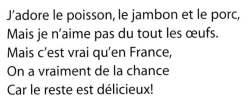

Et le soir au dîner,
De la salade composée,
Des frites ou bien du riz,
Mais avant de manger il ne faut pas oublier
de dire «Bon appétit!».

J'adore le poisson, le jambon et le porc,
Mais je n'aime pas du tout les œufs.
Mais c'est vrai qu'en France,
On a vraiment de la chance
Car le reste est délicieux!

Au petit déjeuner,
Je mange du pain grillé
Avec des céréales.
Normalement, je bois du lait, du café ou du thé.
Ça m'est bien égal!

La nourriture — *Food*

J'aime ...	*I like ...*
Je n'aime pas ...	*I don't like ...*
Je préfère ...	*I prefer ...*
le fromage	*cheese*
le poulet	*chicken*
le poisson	*fish*
le pain	*bread*
le beurre	*butter*
la viande	*meat*
les pommes de terre	*potatoes*
les œufs	*eggs*
les fruits	*fruit*
les frites	*chips*
en général	*generally*
surtout	*especially*
par exemple	*for example*
ça dépend	*it depends*
beaucoup	*a lot*
pas vraiment	*not really*
pas tellement	*not really*
c'est délicieux	*it's delicious*

Le petit déjeuner — *Breakfast*

au petit déjeuner	*for breakfast*
je mange ...	*I eat ...*
un croissant	*a croissant*
un petit pain	*a bread roll*
du pain grillé	*a slice of toast*
des céréales	*cereals*
Je ne mange rien.	*I don't eat anything.*
je bois ...	*I drink ...*
du café	*coffee*
du thé	*tea*
du chocolat chaud	*hot chocolate*
du jus d'orange	*orange juice*
du lait	*milk*
Je ne bois rien.	*I don't drink anything.*

Le déjeuner — *Lunch*

je mange/prends ...	*I have ...*
une salade de tomates	*a tomato salad*
des crudités	*raw chopped vegetables*
des carottes	*carrots*
des petits pois	*peas*
une mousse au chocolat	*chocolate mousse*
un yaourt	*a yoghurt*
Je bois	*I drink*
un vin blanc	*a glass of white wine*

On prépare une fête — *Preparing for a party*

Il faut acheter ...	*We need to buy ...*
un gâteau	*a cake*
des biscuits	*biscuits*
des crêpes	*pancakes*
des beignets	*doughnuts*
des saucisses	*sausages*
des tomates	*tomatoes*
des chips	*crisps*
une salade	*salad*
des raisins	*grapes*
un ananas	*a pineapple*
des fraises	*strawberries*
du fromage	*cheese*
du thon	*tuna*
Il faut apporter des boissons.	*You must bring drinks.*
Tu peux venir à mon anniversaire?	*Can you come to my birthday party?*

Faire les courses — *Going shopping*

un kilo de ...	*a kilo of ...*
un demi-kilo/ 500 grammes de ...	*half a kilo of ...*
poires	*pears*
pêches	*peaches*
un litre de ...	*a litre of ...*
une bouteille de ...	*a bottle of ...*
une boîte de ...	*a tin/can of ...*
un paquet de ...	*a packet of ...*
un pot de ...	*a jar of ...*
une tranche de ...	*a slice of ...*
C'est combien?	*How much is it?*
s'il vous plaît	*Please*
C'est tout.	*That's all.*

Au restaurant — *At a restaurant*

Je voudrais ...	*I would like ...*
Je prends ...	*I'll have ...*
un coca	*a Coke*
une eau minérale	*a mineral water*
un jus de fruit	*a fruit juice*
la soupe	*soup*
le pâté	*pâté*
le steak	*steak*
avec ...	*with ...*
des frites	*chips*
du riz	*rice*
des carottes	*carrots*
Je prends ...	*I'll have ...*
la crème caramel	*crème caramel*
la tarte aux pommes	*apple pie*
la glace	*ice cream*
le menu	*the menu*
les entrées	*starters*
les plats	*main courses*
les desserts	*desserts*
l'addition	*the bill*
s'il vous plaît	*please*
tout de suite	*straight away*
Vous avez terminé?	*Have you fnished?*

Stratégie 4
Learning by doing

When you're learning vocabulary don't just stare at a list of words. They're not very likely to jump into your brain. Doing something often helps to make them stick. For example, you can copy them out. That's a good way of remembering how to spell words, but it can get a bit boring. Why not make some cards with the French word on one side and the English on the other? You can then play a game with yourself or a partner. You can use this method to learn the genders of nouns, e.g. write *salade* on one side of the card and *la/une* or fem. on the other.

Turn to page 157 to remind yourself of the *Stratégies* you learnt in *Expo 1*.

1 Les pays Talking about countries and languages
Using the prepositions *à* and *en*

parler 1 À deux. À tour de rôle. Identifie le pays et la/les langue(s) de chaque pays.

Exemple:

a L'Écosse. En Écosse on parle anglais.

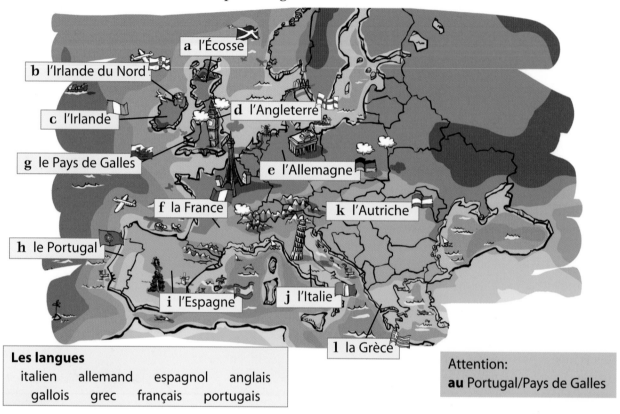

a l'Écosse

b l'Irlande du Nord

c l'Irlande

d l'Angleterre

g le Pays de Galles

e l'Allemagne

f la France

k l'Autriche

h le Portugal

i l'Espagne

j l'Italie

l la Grèce

Les langues

italien   allemand   espagnol   anglais
gallois   grec   français   portugais

Attention:
au Portugal/Pays de Galles

écouter 2 Écoute et vérifie.

écouter 3 Écoute et répète.

un	un	un	un
bon	bon	bon	bon
vin	vin	vin	vin	Dublin	Berlin	italien
blanc	blanc	blanc	blanc	allemand	anglais	en France

Tu veux un bon vin blanc français?

Non, on veut vingt bonbons bruns anglais!

Some sounds in French are called nasals, because some of the sound comes from your nose!

4 **Lis et réponds aux questions.**

J'ai de la chance parce que j'ai beaucoup de correspondants qui me contactent par e-mail depuis plusieurs mois. Heike habite à Stuttgart en Allemagne et Manuel habite à Faro au Portugal. J'ai une correspondante qui habite en Écosse, à St Andrews, et une autre qui habite à Llandudno au Pays de Galles. En plus, Effi habite à Athènes en Grèce et Luisa habite à Grenade en Espagne.

1 Est-ce que Manuel habite en Espagne?
2 Est-ce qu'Effi parle italien?
3 Est-ce que Luisa habite au Portugal?
4 Est-ce que la correspondante qui habite au Pays de Galles, habite à Cardiff?
5 Heike, habite-t-elle en Allemagne?
6 La correspondante qui habite en Écosse, habite-t-elle à Édimbourg?

Expo-langue ▶ Grammaire 4.1

There are different ways of saying *in*:
à (+ name of a town)
Exemple: Heike habite **à** Stuttgart.

au (+ name of a masculine country)
Exemple: Manuel habite **au** Portugal.

en (+ name of a feminine country)
Exemple: Effi habite **en** Grèce.

Expo-langue ▶ Grammaire 3.8

How to ask a question without using a question word:
Exemple: **Est-ce que** Tom parle anglais?
Tom, **habite-t-il** en Espagne?

 5 **Lis la lettre et remplis la grille en anglais.**

Name	Countries visited already	Countries to visit in the future

Je suis Agathe. J'ai de la chance parce que je voyage beaucoup avec mes parents. L'année dernière, on a visité l'Allemagne et l'Autriche mais l'année prochaine, on va aller en Grèce. Je voudrais retourner en Grande-Bretagne pour visiter l'Écosse et le Pays de Galles car j'ai adoré l'Angleterre quand on est allés à Londres en juillet. Je vais aussi souvent en Espagne avec mes parents car j'adore parler espagnol.

la Grande-Bretagne = Great Britain

 6 **Remplis la même grille pour Fred.**

7 **À deux. Prépare une conversation.**

■ Quels pays as-tu visités l'année dernière?

● J'ai visité …

■ Quels pays vas-tu visiter l'année prochaine?

● Je vais visiter …

■ Quels pays voudrais-tu visiter un jour?

● Je voudrais visiter …

 8 **Écris la conversation de l'exercice 7.**

écouter **1** Écoute et lis les interviews.

Comment est-ce que les Français passent leurs vacances? Nous interviewons deux jeunes Parisiens, Manon et Bruno.

■ Manon, où est-ce que tu passes tes vacances?
● D'habitude, je vais au bord de la mer.
■ Combien de temps est-ce que tu y restes?
● J'y reste un mois.
■ Avec qui est-ce que tu passes tes vacances?
● J'y vais avec ma famille.
■ Qu'est-ce que tu fais en vacances?
● Je vais à la plage, je me baigne et je fais de la planche à voile.
■ Pourquoi est-ce que tu préfères ce genre de vacances?
● J'adore bronzer sur la plage et faire des sports nautiques.

■ Bruno, où passes-tu tes vacances?
● Moi, j'aime aller à l'étranger, en Angleterre, par exemple, ou aux États-Unis.
■ Combien de temps y restes-tu?
● D'habitude, j'y reste quinze jours.
■ Avec qui passes-tu tes vacances?
● Je passe mes vacances avec ma petite amie ou avec des copains.
■ Que fais-tu en vacances?
● Je rencontre des gens et je vais à des concerts si possible.
■ Pourquoi préfères-tu ce genre de vacances?
● J'aime parler anglais!

à l'étranger = abroad
les États-Unis = the United States

Expo-langue ▶ **Grammaire 3.8**

When asking questions using question words, you can:
● put the question word first followed by **est-ce que**
Exemple: **Où est-ce que** tu passes tes vacances?
or
● put the question word first and 'invert' the subject and verb
Exemple: **Où passes-tu** tes vacances?
Sometimes, an extra t is put in to help with pronunciation:
Exemple: **Combien de temps est-t-il** en vacances?

lire **2** Trouve les deux formes de ces questions dans les interviews.

1 How long do you spend there?
2 What do you do on holiday?
3 Why do you prefer this type of holiday?

4 Who do you go on holiday with?
5 Where do you spend your holidays?

parler **3** À deux. Prépare une interview d'Alex.
Complète les questions et utilise les images.

- Où … ?   →
- Avec qui … ?   →
- Combien de temps … ?   →
- Que fais-tu … ?   →
- Pourquoi … ?   →

écouter **4** Écoute et répète aussi vite que possible.

*Il ne mange pas de lasagnes à la montagne
en Allemagne, mais il se baigne à la
campagne en Bretagne.*

To pronounce the letter cluster
gn, try making the sound **n**
quickly followed by **y**.
Exemple: campagne,
Allemagne, montagne

écouter **5** Copie la grille. Note les verbes
utilisés par chaque personne. (1–7)

	D'habitude	L'année dernière
1		

lire **6** Sépare les phrases: d'habitude ou l'année dernière?

je vais à l'étranger je suis allé en Irlande il a fait froid il fait très chaud je
fais du camping je joue au tennis j'ai joué au volley j'ai fait de la voile je fais
du VTT j'ai visité un château je visite des monuments historiques c'était super
ce n'est pas mal.

parler **7** À deux. À tour de rôle. Fais une interview avec ton/ta partenaire.

- Où passes-tu tes vacances d'habitude?
- Combien de temps y restes-tu?
- Avec qui passes-tu tes vacances?
- Que fais-tu en vacances?
- Pourquoi préfères-tu ce genre de vacances?
- Et où es-tu allé(e) l'année dernière?

écrire **8** Écris tes réponses aux questions de l'exercice 7.

À deux. En secret. Prépare cinq questions sur le centre de vacances.
Pose tes questions à ton/ta partenaire.

Exemple:

■ Est-ce qu'on peut **jouer au tennis**?
● Oui, il y a **quatre courts de tennis**.

Est-ce qu'on peut ...	aller	au sauna/jacuzzi/restaurant/à la pêche?
	faire	du tir à l'arc/vélo/jogging/les magasins?
	jouer	au golf/tennis/aux boules?

Bienvenue au centre de vacances

Au Clair de la Lune

Situé en pleine forêt, le centre Au Clair de la Lune vous souhaite de très bonnes vacances chez nous.

Nos appartements

Nos appartements à 4 lits ont un salon avec un coin-cuisine, une salle de bains et deux chambres.

À votre disposition sur place:

3 restaurants:
● La Crevette (spécialités de fruits de mer)
● Chez ma Tante (cuisine de la région)
● Vite et Bon (cuisine rapide qui plaît aux enfants)

le paradis aquatique tropical
● un sauna
● une salle de jeux
● plusieurs boutiques
● un salon de beauté
● un jacuzzi

Pour les actifs:

● un golf à neuf trous
● quatre courts de tennis
● la pêche sur lac
● le tir à l'arc
● un terrain de boules
● la location de vélos
● deux circuits de jogging

Règlement

● Il faut laisser votre voiture dans le parking à l'entrée du centre.
● Il faut surveiller les enfants de moins de 10 ans près de la piscine.
● Il ne faut pas faire de bruit après 23h.
● Il faut quitter votre appartement avant 11h le jour du départ.

Où sont-ils? (1–5)

a au restaurant

b dans le magasin

c sur le terrain de golf

d à la réception

e dans l'appartement

écouter 3 Lis et écoute l'interview, et note les mots qui manquent.

■ *Pardon, madame, qu'est-ce que vous (1)＿ du centre de vacances?*

● À mon (2)＿, il est excellent car il est très bien situé ici en pleine forêt.

■ *Est-ce qu'il y a (3)＿ d'activités pour les enfants?*

● Oh oui, je (4)＿ que la piscine est superbe et il y a aussi (5)＿ de possibilités de promenades à pied et à vélo.

■ *Est-ce qu'il y a (6)＿ de restaurants?*

● Il y a trois restaurants et je (7)＿ que ça suffit. Par contre, il n'y a pas (8)＿ de magasins.

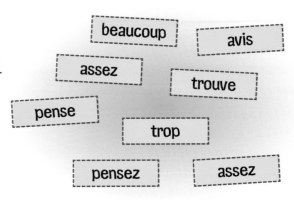

beaucoup avis assez trouve pense trop pensez assez

lire 4 Trouve le français.

1 in my opinion
2 there are enough
3 I think (that) ... (2 ways of saying this!)
4 there are lots of ...
5 there are too many ...
6 there are not enough ...

Expo-langue

When you want to find out somebody's attitude or opinion, you can use questions like:

Qu'est-ce que tu penses de ...?
Est-ce qu'il y a assez de/trop de ...?

parler 5 À deux. Prépare une conversation sur le centre de vacances.

● Qu'est-ce que tu penses du centre de vacances?
● Est-ce qu'il y a assez de possibilités pour les sportifs?
● Est-ce qu'il y a trop de restaurants?

écrire 6 Complète les phrases pour une ville que tu connais.

Je pense que (Norwich) est ...
À (Norwich), il y a beaucoup de ...
Mais à mon avis, il y a trop de ...
Je trouve aussi qu'il n'y a pas assez de ...

Mini-test

I can ...
■ say what country people live in, and the language they speak
■ say which countries I've been to/will go to/would like to go to
■ talk about what I usually do on holiday
■ understand information about a holiday centre and its rules
■ ask someone's opinion and give my own

4 Destination Sénégal
Talking about a past holiday
More practice with the perfect tense

1 Écoute et lis.

Adrien Storr (14 ans) a de la chance: sa mère a gagné notre concours du mois de juin. Son prix? Quinze jours au Sénégal pour deux personnes …

Adrien et sa mère sont partis de l'aéroport Charles de Gaulle à Paris le 15 juillet, et ils sont arrivés à Dakar, capitale du Sénégal, sept heures plus tard. **L'hôtel** 'Silhouette de la Mer' était très luxueux. Les chambres étaient toutes dans des bungalows à l'architecture respectant le style local, et avec accès direct à la plage. Et quelle plage! … Du sable fin s'étendant sur plus de trois kilomètres!

Madame Storr a lu tranquillement des livres sous un parasol sur la terrasse. Par contre, Adrien a profité de toutes les activités: il a fait de la planche à voile, du ski nautique, du tir à l'arc, et même du banana-riding! Il a aussi joué au tennis de table, au golf et au volley-ball.

Pendant la deuxième semaine, ils ont voyagé au parc national de Djoudj pour voir les nombreuses espèces d'oiseaux (pélicans, hérons, flamants) qui y habitent. C'était magnifique!

Adrien pense que le Sénégal est vraiment incroyable. Il fait des économies maintenant pour y retourner un jour. On ne sait jamais …

2 Identifie les mots inconnus dans le texte et trouve les définitions dans le glossaire.

3 À deux. Prépare une interview d'Adrien.

- Où as-tu passé tes vacances?
- Avec qui es-tu allé en vacances?
- Qu'est-ce que ta mère a fait?
- Qu'est-ce que tu as fait comme activités?
- Avez-vous fait des excursions?
- Qu'est-ce que tu penses du Sénégal?

Expo-langue ▶ **Grammaire 3.8**

To ask questions in the perfect tense use **est-ce que** as usual:
Exemple: Qu'**est-ce que** tu as fait comme activités?
or
invert the subject pronoun and the part of **avoir** or **être**:
Exemple: Avec qui **es-tu** allé(e) en vacances?
Avez-vous fait des excursions?

4 Lis la lettre et les renseignements sur les hôtels et les activités. Copie et remplis la grille pour Eugénie.

	Destination	Hôtel	Activités
Eugénie			

Pendant les vacances, je suis allée à l'île Maurice et c'était vraiment fantastique. Notre hôtel était dans un jardin plein de plantes tropicales et de notre chambre, il y avait une vue superbe sur la mer. On a fait une excursion en bateau pour voir la barrière de corail et les poissons. On a aussi visité un très beau jardin botanique. Il y avait beaucoup de sports nautiques à faire, y compris du pédalo et de la plongée. C'était chouette!

Eugénie

c'était = it was
il y avait = there was/were
y compris = including

Destinations

Martinique

l'île Maurice

Guadeloupe

Hôtels

Hôtel Coin de Mire
• • • • • • • • • •
Petit hôtel charmant. Toutes les chambres font face à la mer et sont harmonieusement intégrées dans un jardin tropical.

Hôtel Bambou ΨΨ
118 bungalows dans un agréable jardin, avec bar et restaurant qui donnent sur la plage.

Hôtel le Jardin de Malanga
Ancienne maison coloniale, dans une pittoresque plantation de bananes sur les flancs d'un ancien volcan. Vue magnifique.

Activités

a
Promenade dans la réserve naturelle de la Caravelle; visite du musée de la distillerie et du rhum. Équitation, golf et discothèque à proximité.

b
Visite du Jardin de pamplemousses, l'un des plus beaux jardins botaniques du monde. Plongée libre, pédalo, bateau à fond de verre.

c
Visite au sommet du volcan La Soufrière qui domine toute l'île. Visite des chutes du Carbet, une cascade magnifique.

 5 Copie et remplis la grille pour Alima et Boris.

	Destination	Hôtel	Activités
Alima			
Boris			

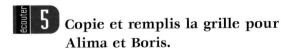 **6** Tu as gagné des vacances en Martinique/en Guadeloupe/sur l'île Maurice. À deux. Prépare une conversation. Donne ton opinion et ajoute beaucoup de détails.

 7 Écris une description de tes vacances.

lire 1 Regarde la page web. Il leur faut cliquer sur quel bouton?

Exemple: Madame Chazelas: 2

Madame Chazelas veut voir si on peut réserver des chambres d'hôtel en ligne. Monsieur Chazelas veut un plan de la ville et une carte de la région pour voir ce qu'il y a à faire en Normandie. Aude Chazelas, leur fille de 17 ans, doit voyager seule quelques jours de plus sans le reste de la famille. Elle voudrait savoir les horaires du train pour venir de Paris. Lucie Chazelas, 13 ans et gourmande, veut savoir s'il y a de bonnes crêperies en ville. Enfin, Patrick Chazelas, 10 ans, s'intéresse à l'histoire et veut savoir ce qu'il y a à visiter.

écouter 2 Écoute les réponses à l'office de tourisme. Mets les questions dans le bon ordre. (1–6)

a Qu'est-ce qu'on peut faire le soir à Bayeux?
b Pouvez-vous recommander un bon restaurant?
c Où est la gare, s'il vous plaît?
d Qu'est-ce qu'il faut visiter à Bayeux?
e Avez-vous un plan de la ville, s'il vous plaît?
f Est-ce qu'il y a une banque près d'ici?

Expo-langue

Sometimes you need some time to think when someone asks you a question. You can use phrases like these to give yourself 'thinking time':

Mmm, voyons …	= Mmm, let's see …
Eh bien, …	= Well, …
Euh, tu sais/vous savez …	= Er, you know …
Alors, …	= So …

3 À tour de rôle. Tu travailles à l'office de tourisme. Ton/Ta partenaire est touriste. Prépare ces questions et invente les réponses.

- What can you do here?
- Can you recommend a good hotel?
- Where is the shopping centre?
- What must you see here?
- Do you have a map of the region, please?
- Is there a swimming pool here?

4 Écoute le reportage sur la visite du Prince William à Bayeux. Choisis la bonne fin pour chaque phrase.

1 La visite du prince a commencé *le 4 avril/le 5 avril*.
2 Sa visite de la Tapisserie a duré *une heure/deux heures*.
3 Les élèves de l'école primaire avaient *des drapeaux/des fleurs*.
4 Arromanches est une ville *touristique/historique*.
5 Ce soir, il va boire *du cidre/du vin*.
6 En France, la famille royale britannique est *populaire/sans intérêt*.

5 À deux. Tu es en vacances à Bayeux. Tu téléphones à ton/ta correspondant/e pour parler de ta visite. Utilise ces détails et d'autres idées. Utilise aussi les expressions de l'Expo-langue. Finis la conversation.

■ Allô!
● Salut, c'est moi! Je suis à Bayeux avec … C'est

■ Qu'est-ce que tu as fait hier?
● Hier, …

Je suis allé(e) = I went

■ Et qu'est-ce que tu fais aujourd'hui?
● Aujourd'hui, …

Arromanches

Je vais = I'm going

■ Qu'est-ce que tu vas faire demain?
● Demain, …

MUSÉE

Je vais aller = I'm going to go

■ Tu as de la chance! …
● …

 6 Utilise les détails de l'exercice 5 pour écrire une lettre sur tes vacances à Bayeux. Ajoute aussi d'autres détails.

Unité 1

I can

- name some European countries and languages — *l'Allemagne/allemand*
- say what country people live in — *Elle habite en Écosse/en Italie.*
- say which countries I've been to/will go to/ would like to go to — *J'ai visité la Grèce./Je vais visiter l'Écosse./Je voudrais visiter le Portugal.*
- G use the different words for 'in' — *à Stuttgart/en France/au Portugal*
- G formulate questions without question words — *Est-ce qu'il parle anglais?/ Habite-t-il en Angleterre?*

- Pronounce the nasal sounds — *un bon vin blanc*

Unité 2

I can

- say where I usually go on holiday — *Je vais à l'étranger/au bord de la mer.*
- say how long I go for and who with — *J'y reste quinze jours avec ma famille.*
- say what I do — *Je joue au tennis./Je me baigne.*
- say why I prefer this sort of holiday — *J'adore bronzer sur la plage.*
- pronounce the letters 'gn' — *Allemagne, campagne*
- G formulate questions using question words — *Où est-ce que tu passes tes vacances?/ Où passes-tu tes vacances?*
- G recognise past and present verb forms — *je vais/je suis allé(e)*

Unité 3

I can

- understand information about a holiday centre — *Il y a un terrain de golf.*
- understand rules — *Il faut laisser votre voiture dans le parking.*
- Give opinions — *Je pense que …/Il y a trop de …*
- G formulate questions involving opinions — *Qu'est-ce que tu penses du centre de vacances?*

Unité 4

I can

- describe a past holiday — *je suis allé(e) …/j'ai vu …*
- G formulate questions in the perfect tense — *Où as-tu passé tes vacances?/ Qu'est-ce que ta mère a fait?*
- G use *c'était* and *il y avait* — *C'était chouette!/Il y avait une vue superbe.*

Unité 5

I can

- understand information from a website about a holiday destination — *Hébergement/Durée de la visite: entre 1h et 2h.*
- ask questions at a tourist information office — *Qu'est-ce qu'il faut visiter?*
- take part in unscripted dialogues — *eh bien, …/mmmm, voyons …,*
- use the past, present and immediate future to describe my current holiday — *hier, j'ai visité/aujourd'hui, je visite/demain, je vais visiter*

1 Choisis la bonne réponse.

1 Anne-Louise habite en
   a France   **b** Irlande   **c** Espagne

2 D'habitude, elle passe ses vacances
   a à l'étranger   **b** à la montagne   **c** à la campagne

3 Elle préfère ce genre de vacances parce qu'elle aime
   a la natation   **b** le sport   **c** les langues

4 L'année dernière, elle est allée à
   a Londres   **b** Athènes   **c** Berlin

5 Elle a visité
   a la plage   **b** les monuments   **c** les magasins

6 Elle a trouvé ses vacances
   a actives   **b** ennuyeuses   **c** intéressantes

 2 À deux. Prépare six questions/réponses sur tes vacances.

D'habitude,

L'année dernière,

3 Choisis la bonne fin pour compléter chaque phrase.

> On est en vacances au centre 'Les Tournesols'. C'est chouette ici. On est en pleine forêt et il y a beaucoup d'activités pour les enfants: piscine fantastique, tir à l'arc, pêche. On mange très bien aux trois restaurants. Je fais un peu de jogging tous les jours. Malheureusement, il n'y a pas assez de courts de tennis parce qu'il y a beaucoup de touristes ici en ce moment. À part ça, c'est vraiment bien. Demain, les enfants vont louer des vélos et moi, je vais bronzer sur la plage …

1 Ce texte est *une carte postale/une brochure touristique.*
2 'Les Tournesols' est *un hôtel/un centre de vacances.*
3 C'est *à la mer/à la campagne.*
4 Les restaurants sont *bons/mauvais.*
5 *Il y a/il n'y a pas* assez de courts de tennis.
6 Demain, les enfants vont *bronzer sur la plage/faire du cyclisme.*
7 Cette personne passe de *bonnes/mauvaises* vacances.

 4 Tu as passé quinze jours dans un pays francophone. Décris tes vacances.

Les vacances de l'enfer

1 Écoute et lis. Relie chaque image et une lettre.

Exemple: 1 b

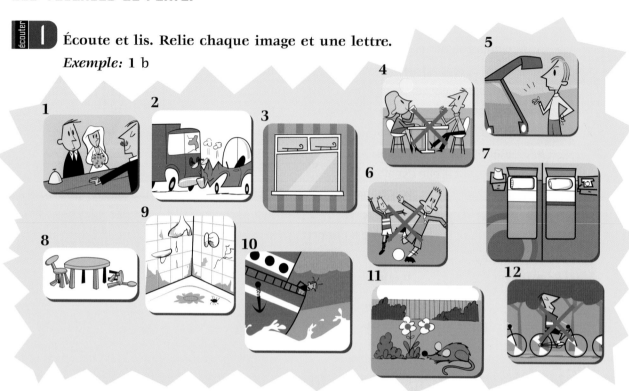

Les vacances de l'enfer

On vous a demandé de nous raconter vos vacances de l'enfer. Aujourd'hui, nous publions vos réponses. Attention: ce n'est pas pour les plus faibles ...

a Nous avons passé une semaine désastreuse en Corse. En arrivant à Marseille pour prendre le ferry, je suis entré en collision avec un camion. On a dû passer trois jours à Marseille pour faire réparer la voiture. Trois jours (et 3000€) plus tard, le bateau a quitté Marseille, mais quel voyage! La mer était très agitée et tout le monde a vomi en route. Finalement, en arrivant au camping, l'erreur fatale: j'avais laissé la tente à la maison.

Laurent Paris, Surgères

b J'ai payé très cher pour mes vacances en Guadeloupe, mais une lune de miel, c'est important, n'est-ce pas? En arrivant à l'hôtel avec ma nouvelle femme, j'ai demandé la clef de notre chambre. «Je suis désolée,» a dit la réceptionniste, «mais nous avons fait une erreur. L'hôtel est complet et il n'y a plus de chambres pour deux personnes. Mais vous pouvez avoir deux petites chambres pour une personne. » Une lune de miel de rêve? C'était plutôt un cauchemar!

Henri Giscard, Saint-Valéry-sur-Seine

c J'ai réservé une maison en Espagne sur Internet. Mais quand j'y suis arrivée avec ma famille, quelle horreur! Le salon était minuscule et très sale. Dans la cuisine, il y avait une table, deux chaises cassées, et c'était tout. Il n'y avait pas de rideaux dans les chambres et la douche, blanche à l'origine, était noire. Soudain, un des enfants a crié: «Maman! Il y a un rat dans le jardin!» On est partis immédiatement. Quelles vacances!

Bénédicte Lamy, Arles

d Si vous voulez des vacances en prison, allez au centre de vacances 'Le Joli Bois'. En arrivant, il faut signer un contrat: il ne faut pas faire de bruit après 20h, il ne faut pas manger sur la terrasse, il ne faut pas jouer au foot sur le terrain, il ne faut pas faire de vélo dans la forêt ... J'ai lu ça et je suis partie immédiatement. Je préfère me reposer en vacances!

Carmen Lopez, Strasbourg

une lune de miel = a honeymoon

lire **2** Trouve le français.

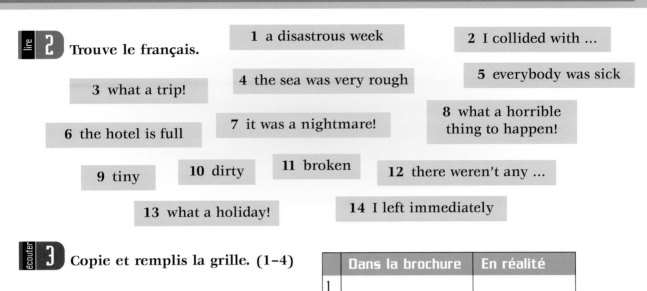

1 a disastrous week

2 I collided with …

3 what a trip!

4 the sea was very rough

5 everybody was sick

6 the hotel is full

7 it was a nightmare!

8 what a horrible thing to happen!

9 tiny

10 dirty

11 broken

12 there weren't any …

13 what a holiday!

14 I left immediately

écouter **3** Copie et remplis la grille. (1–4)

Dans la brochure	En réalité
1	

parler **4** À deux. Utilise les images pour parler de tes vacances de l'enfer.

écrire **5** Tu as passé des vacances affreuses. Écris une lettre au magazine pour décrire tes vacances.

La Révolution française

1 Lis le texte.

1 **1788–1789:** le roi Louis XVI et sa femme Marie-Antoinette, qui habitent au Château de Versailles près de Paris, deviennent de moins en moins populaires. En plus, le parlement ne peut pas prendre de décisions importantes.

2 **Juillet 1789:** les Parisiens attaquent la Bastille, une prison au centre de Paris. Après, le roi donne plus de pouvoir au parlement.

3 **Octobre 1789:** il n'y a rien à manger. Les femmes de Paris vont au Château de Versailles pour protester. La famille royale est forcée de quitter Versailles pour Paris. Le slogan des révolutionnaires? «Liberté, égalité et fraternité».

4 **1791–1793:** Louis, Marie-Antoinette et leurs enfants essaient de quitter la France en secret, mais ils sont capturés. Le roi et la reine sont guillotinés.

5 **1793–1794:** la France a beaucoup de problèmes: il y a la guerre à l'étranger, la guerre civile, et il n'y a rien à manger. C'est la période qu'on appelle «La Terreur»: chaque «ennemi» de la révolution est guillotiné.

6 **1794:** la période de la Terreur finit quand Robespierre, le leader, est guillotiné. Mais la France est en plein chaos, les guerres continuent et beaucoup de gens ont perdu la vie.

7 Pourtant, on commence à parler d'un jeune général qui mène l'armée française à des victoires à l'étranger. En **1804**, ce général devient empereur de la France. Il s'appelle Napoléon.

2 Complète le résumé en anglais.

1 **1788–1789:** The French Royal family are becoming less and less ▬▬. Parliament isn't allowed to make ▬▬ decisions.

2 **July 1789:** the Bastille, a ▬▬ in Paris, is attacked. The king gives more power to ▬▬.

3 **October 1789:** There's nothing to ▬▬.Women go to Versailles to ▬▬. The Royal family flees to ▬▬. The motto of the revolution is '▬▬, equality, brotherhood'.

4 **1791–1793:** the Royal family tries to leave ▬▬, but they are ▬▬ and the King and Queen are executed on the ▬▬.

5 **1793–1794:** France has many problems: war at home and ▬▬, and nothing ▬▬. This period is called 'The ▬▬': 'enemies' of the revolution are killed.

6 **1794:** ▬▬ is guillotined and 'The Terror' ends. There is chaos in France, the ▬▬ continue and many people have died.

7 A young ▬▬ is winning foreign wars for France. In 1804, he becomes ▬▬. His name is ▬▬.

3 Lis, écoute et chante!

La Marseillaise

Allons enfants de la patrie
Le jour de gloire est arrivé!
Contre nous de la tyrannie
L'étendard sanglant est levé!
L'étendard sanglant est levé!
Entendez-vous dans les campagnes,
Mugir ces féroces soldats?
Ils viennent jusque dans vos bras
Égorger vos fils, vos compagnes!

Aux armes, citoyens!
Formez vos bataillons!
Marchons! Marchons!
Qu'un sang impur
Abreuve nos sillons!

La Marseillaise

Les pays — *Countries*

l'Allemagne	*Germany*
l'Angleterre	*England*
l'Autriche	*Austria*
l'Écosse	*Scotland*
l'Espagne	*Spain*
la France	*France*
la Grèce	*Greece*
l'Irlande	*Ireland*
l'Irlande du Nord	*Northern Ireland*
l'Italie	*Italy*
le Pays de Galles	*Wales*
le Portugal	*Portugal*
Elle habite à Stuttgart.	*She lives in Stuttgart.*
J'habite en Espagne.	*I live in Spain.*
Il habite au Portugal.	*He lives in Portugal.*
J'ai visité l'Allemagne.	*I visited Germany.*
On va aller en Grèce.	*We're going to go to Greece.*
Je voudrais visiter l'Écosse.	*I'd like to go to Scotland.*

Les langues — *Languages*

allemand	*German*
anglais	*English*
espagnol	*Spanish*
français	*French*
gallois	*Welsh*
grec	*Greek*
italien	*Italian*
portugais	*Portuguese*
Il parle anglais.	*He speaks English.*

Les vacances — *Holidays*

Où passes-tu les vacances?	*Where do you spend your holidays?*
D'habitude, ...	*Usually ...*
à l'étranger	*abroad*
au bord de la mer	*at the seaside*
Combien de temps y restes-tu?	*How long do you go there for?*
J'y reste un mois.	*I go for a month.*
J'y reste quinze jours	*I go for a fortnight*
Avec qui passes-tu les vacances?	*Who do you go on holiday with?*

Je passe mes vacances ...	*I spend my holiday ...*
Je vais à la plage.	*I go to the beach.*
Je me baigne.	*I swim.*
J'adore bronzer.	*I love to sunbathe.*
Je rencontre des gens.	*I meet people.*
Je vais à des concerts.	*I go to concerts.*
L'année dernière, je suis allé(e) ...	*Last year I went ...*

Pour poser une question — *Questions words*

combien de temps?	*how long?*
comment?	*how?*
pourquoi?	*why?*
où?	*where?*
quand?	*when?*
que/qu'est-ce que?	*what?*
qui?	*who?*

Au centre de vacances — *At the holiday centre*

un appartement	*a flat, apartment*
une boutique	*a shop*
une chambre	*a bedroom*
un coin-cuisine	*a kitchen area*
un court de tennis	*a tennis court*
un terrain de golf	*a golf course*
un lit	*bed*
la location de vélos	*bikes for hire*
la pêche sur lac	*fishing on the lake*
un restaurant	*a restaurant*
une salle de bains	*a bathroom*
une salle de jeux	*a games room*
un salon	*a living-room*
un terrain de boules	*a place to play bowls*
le tir à l'arc	*archery*
Est-ce qu'on peut ... ?	*Can you ... ?*

Le règlement — *Rules*

il faut ...	*you must ...*
laisse votre voiture	*leave your car*
quitter votre appartement	*leave your flat*
il ne faut pas ...	*you mustn't ...*
faire de bruit	*make any noise*

Les opinions / *Opinions*

penser de	*to think of*
qu'est-ce que tu penses de …?	*what do you think of …?*
à mon avis	*in my opinion*
je pense que	*I think(that)*
je trouve que	*I think (that)*
il y a …	*there is/are …*
il n'y a pas …	*there isn't/aren't …*
assez de	*enough*
beaucoup de	*lots of*
trop de	*too many*

Les vacances passées / *Past holidays*

J'ai passé mes vacances au/en …	*I spent my holidays in …*
Je suis allé(e) avec …	*I went with …*
l'hôtel était …	*the hotel was …*
il y avait …	*there was/were …*
c'était	*it was*
J'ai fait des excursions en car/bateau.	*I went on coach/boat trips.*
J'ai fait de la plongée.	*I went diving.*
J'ai fait du ski nautique.	*I went water-skiing.*
J'ai fait du tir à l'arc.	*I did archery.*
C'était …	*It was …*
magnifique	*magnificent*
chouette	*great*

Être touriste / *Being a tourist*

avez-vous …?	*have you got …?*
une carte de la région	*a map of the area*
un plan de la ville	*a town plan*
est-ce qu'il y a …?	*is there …?*
ici	*here*
qu'est-ce qu'il faut voir?	*what must we see?*
qu'est-ce qu'on peut faire à …?	*what can you do in …?*

On réfléchit / *Thinking time words*

alors …	*well, …*
eh bien, …	*well, …*
euh, tu sais/vous savez	*mmm, you know*
mmmm, voyons …	*mmm, let's see …*

Stratégie 5
More learning by doing

Here are some more tips on how to learn vocabulary:

➤ Sing or rap your list of words. Use a well-known or popular song.

➤ Say your words to the family pet. They won't tell you off for making a mistake and they may get bored, but they will listen, especially if they are in a cage.

➤ Beat the clock. Use the cards you've made to see how many you can say, translate or write correctly in a minute.

➤ Play pictionary with a friend. Draw a word for them to guess. They have to say the word correctly in French. See who gets the most right.

Turn to page 157 to remind yourself of the *Stratégies* you learnt in *Expo 1*.

1 La page des copains

Talking about your friends
Using *notre* and *nos*

écouter 1 Mets les images dans le bon ordre.

a b c d

e f g h

Expo-langue ▶ **Grammaire 2.3**

Notre means *our* (before a singular noun)
Notre collège, notre maison
Nos means *our* (before a plural noun)
Nos copains, nos salles de classe

lire 2 Lis le texte de Yasmina et Coralie. Trouve une légende pour chaque image. Attention: *notre* ou *nos*?

légende = caption

Exemple: **a** Voici notre collège.

a b c d e f g h

Voici notre texte pour notre présentation en Angleterre.

Notre collège s'appelle le CES Georges Méliès. Méliès était l'un des fondateurs du cinéma. Il est né à Paris en 1861. Nous avons une grande salle au collège qui s'appelle la salle Georges Méliès. Dans notre salle Georges Méliès, il y a un grand écran où on peut projeter des films. C'est comme un vrai cinéma. Notre collège est moderne et nos salles de classe sont équipées d'un tableau blanc et d'un vidéoprojecteur. Notre cantine est agréable. Nos profs sont sympas, pour la plupart, et ils ne sont pas trop stricts. Notre gymnase est vraiment génial.

Nos copains s'appellent Patrick, Vincent, Estelle et Audrey. Ils sont sympas. On s'amuse bien ensemble. Nous aimons les mêmes choses: la même musique, les mêmes films, les mêmes chanteurs et les mêmes acteurs. Il est important d'avoir les mêmes passe-temps.
Yasmina et Coralie

Lis le texte, puis copie et remplis la fiche de Patrick.

FICHE Opinions et passe-temps

meilleur(e) = best

Mon opinion sur:
mon collège:
ma ville:
mes professeurs:

Détails sur:
mon sport préféré:
mon émission préférée:
mes matières préférées:
mes acteurs/chanteurs préférés:

> Mes meilleurs amis s'appellent Yasmina, Coralie, Estelle et Vincent. On est différents, mais on a les mêmes passe-temps. On va tous dans le même collège: le collège Georges Méliès. C'est un collège moderne. À mon avis, la cantine est super, mais le gymnase est un peu petit. J'aime bien habiter à Paris parce qu'il y a plein de choses à faire. Mais c'est trop grand et il y a trop de voitures. Ma matière préférée, c'est le dessin. J'aime bien le prof de dessin, le prof de sport et le prof d'anglais. Ils sont assez sympas. J'aime beaucoup regarder *Friends* à la télé. Mon sport préféré, c'est le foot. Mes acteurs préférés sont Nicole Kidman et Pierce Brosnan. Je n'ai pas de chanteur préféré. **Patrick**

 Lis la fiche de Vincent et écris son texte.

FICHE Opinions et passe-temps	*Vincent*

Mon opinion sur:

mon collège:	*moderne, pas mal*
ma ville:	*animée, trop chère*
mes professeurs:	*rigolos*

Détails sur:

mon sport préféré:	*le tennis*
mon émission préférée:	*Thalassa (sur la vie marine)*
mes matières préférées:	*le sport, le dessin, l'espagnol*
mes acteurs/chanteurs préférés:	*Bowie (vieux, mais c'est le meilleur!)*

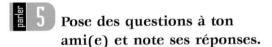 **Pose des questions à ton ami(e) et note ses réponses.**

- Quel est ton sport préféré?
- Quelle est ton émission préférée?
- Quelles sont tes matières préférées?
- Quels sont tes acteurs et tes chanteurs préférés?
- Que penses-tu de ton collège/ta ville/tes professeurs?

**Complète les phrases pour toi et ton ami(e).
Faites une présentation ensemble.**

a Notre collège s'appelle …
b Notre gymnase est …
Notre cantine est …
c Notre ville est …
d Notre émission préférée, c'est …
e Notre acteur préféré, c'est …/
Nos acteurs préférés sont …

f Notre chanteur préféré, c'est …/
Nos chanteurs préférés sont …
g Notre professeur préféré, c'est …/
Nos professeurs préférés sont …
h Notre matière préférée, c'est …/
Nos matières préférées sont …
i Notre sport préféré, c'est …/
Nos sports préférés sont …

2 L'argent de poche — Talking about pocket money
Using *avoir besoin de ...*

1 Qu'est-ce qu'ils achètent avec leur argent de poche? Écris la bonne lettre. (1–5)

Exemple: **1** c

a — des bonbons et des chocolats
b — des magazines
c — des cadeaux
d — du maquillage
e — du matériel scolaire
f — des CD et des DVD
g — des jeux de console
h — des baskets

2 Lis les textes et remplis la grille.

Name	Buys	Saves up for	Other details

> Moi, j'économise mon argent pour un jeu de console. Je n'achète jamais de CD, mais j'achète des baskets de temps en temps ... c'est très cher. J'ai toujours besoin d'argent. **Karim**

> Avec mon argent de poche, j'achète des magazines. J'économise aussi pour des baskets. J'aime les baskets, mais elles coûtent trop chères pour mes parents. **Mélanie**

> Avec mon argent de poche, j'achète du matériel scolaire: des cahiers, des stylos, des classeurs, etc. J'ai toujours besoin de stylos parce que je perds souvent mes affaires. J'adore les films et la musique aussi. Donc j'économise pour des DVD et des CD. **Sara**

> Moi, j'achète des jeux de console avec mon argent. Le meilleur jeu, à mon avis, c'est Streetfighter 4. En plus, j'ai besoin d'une nouvelle console, mais elles sont vraiment très chères, donc, j'économise pour ça. Je n'achète jamais de baskets. **Frank**

> **Ne ... jamais** means *never*
> Je n'achète **jamais** de vêtements
> = I never buy clothes

3 Copie et remplis la même grille pour Vincent, Estelle et Patrick. (1–3)

4 À deux. Que fais-tu avec ton argent de poche?

- Normalement, j'achète ...
- J'économise pour ...
- Je n'achète jamais de ...
- Pour le collège, j'ai besoin de ... Pour mes passe-temps, j'ai besoin de ...

> **Expo-langue** ▶ Grammaire 4.7
> **J'ai besoin de ...** means *I need*
> J'ai besoin de vêtements = I need clothes

Les achats en ligne

a un jeu pour PC 62€	**b** un jeu pour Gameboy 48€	**c** un jeu de société: (version électronique) 68€

parler 5 À deux. Travaille sur les prix.

Exemple:

- ■ Ça coûte **7** euros.
- ● C'est **f**.

lire 6 C'est quel cadeau? Lis les e-mails de remerciement et écris la bonne lettre, a–f.

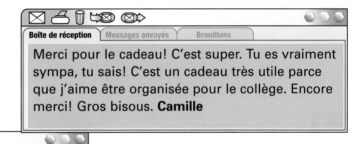

Boîte de réception Messages envoyés Brouillons

Merci pour le cadeau! C'est super. Tu es vraiment sympa, tu sais! C'est un cadeau très utile parce que j'aime être organisée pour le collège. Encore merci! Gros bisous. **Camille**

Boîte de réception Messages envoyés Brouillons

Merci pour ce merveilleux cadeau! J'adore les jeux télévisés. J'ai déjà joué avec ma famille et j'ai gagné 10 mille euros! Je t'embrasse. **Tamara**

Boîte de réception Messages envoyés Brouillons

Un grand merci pour le cadeau! Tu es trop sympa et trop généreux. Il est génial, ce cadeau! J'adore jouer avec des petits véhicules électroniques. Je t'embrasse. **Nicolas**

écrire 7 Complète la lettre de remerciement.

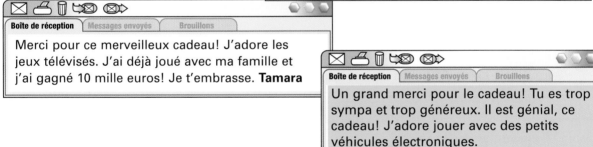

Merci pour le 🎁! Tu es vraiment ☺. J'adore les ... et le ... est très marrant. Le jeu est parfait parce que c'est un jeu d'imagination et de stratégie et j'aime beaucoup ça. Je peux jouer dans la ... et chez moi dans ma ... .
Encore merci! **Bisous**

écrire 8 Choisis un autre cadeau et écris ta lettre.

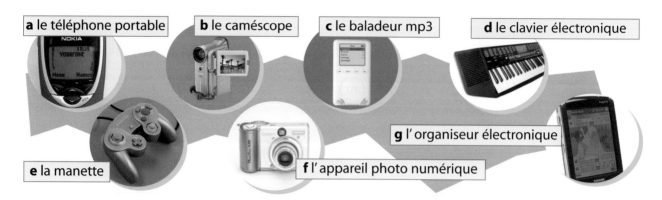

a le téléphone portable
b le caméscope
c le baladeur mp3
d le clavier électronique
g l'organiseur électronique
e la manette
f l'appareil photo numérique

1 Écoute et répète.

2 Trouve le cadeau idéal pour quelqu'un qui … (Écris la lettre).

Exemple: … aime jouer du piano **d**

1 … aime prendre des photos.
2 … aime filmer.
3 … aime les petits ordinateurs et qui veut organiser sa vie.
4 … aime envoyer des messages SMS.
5 … aime écouter de la musique.
6 … aime les jeux de console.

3 Écoute et vérifie.

4 Trouve les paires.

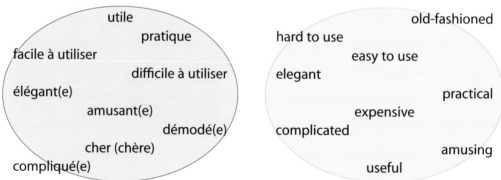

utile
pratique
facile à utiliser
difficile à utiliser
élégant(e)
amusant(e)
démodé(e)
cher (chère)
compliqué(e)

old-fashioned
hard to use
easy to use
elegant
practical
expensive
complicated
amusing
useful

5 À tour de rôle. Qu'en penses-tu? Nomme les objets et donne ton opinion.

Exemple:
■ **f** – qu'en penses-tu?
● L'appareil photo numérique? Ce n'est pas mal.

 C'est génial!    C'est trop cher!   Ce n'est pas mal.    C'est nul!

lire 6 Lis le texte. Fais une liste des comparatifs et superlatifs. Quel est le meilleur cadeau?

Moi, je trouve que le caméscope, c'est le cadeau le plus intéressant. Ton frère peut toujours acheter une manette ou un joystick. Le caméscope est plus original qu'un baladeur. Un nouveau portable est une bonne idée, mais c'est très personnel. Oui, il est vrai qu'un appareil photo numérique est moins cher, mais c'est moins original qu'un caméscope. En plus, c'est facile à utiliser. C'est un cadeau pour la vie. Oui, c'est certainement la meilleure solution. Amicalement, **Yann**

Expo-langue ▶ **Grammaire 2.4**

Comparative adjectives (comparatifs)
plus cher que = more expensive than
moins cher que = less expensive than

Superlative adjectives (superlatifs)
le plus petit téléphone = the smallest phone
le cadeau le plus cher = the most expensive present
le meilleur cadeau = the best present

Le comparatif	Le superlatif
plus original que	

écouter 7 Écoute la discussion. Copie et remplis la grille en anglais. (1–5)

	Article	Advantage	Disadvantage
1			

parler 8 Un débat. À deux. Choisis un cadeau. Donne ton opinion: ton/ta partenaire est-il/elle pour ou contre?

À mon avis, …
Je trouve que …
Je suis d'accord/Je ne suis pas d'accord.
Oui, tu as raison, mais …
Par contre, …

écrire 9 Complète les phrases qui disparaissent.

- Le téléphone portable est l'objet le plus ▬
- Le caméscope est l'objet le ▬
- Le baladeur mp3 est l'objet ▬
- Le clavier électronique est ▬
- L'organiseur ▬
- L'appareil ▬

Mini-test

I can …
- talk about friends
- use *notre* and *nos*
- talk about pocket money
- use *ne … jamais* and *avoir besoin de*
- compare items and give opinions

lire 1 Lis les textes et écris <u>présent</u>, <u>passé</u> ou <u>futur</u> pour chaque image.

Raphaël

L'année dernière, je suis allé en Bretagne avec ma famille. J'ai fait beaucoup de vélo. Généralement, on reste dans l'appartement de mon oncle. Cette année, on va aller en Italie. Nous allons camper au bord de la mer. J'attends les vacances avec impatience.

Nathalie

L'année dernière, avec mon club de théâtre, j'ai joué dans une comédie musicale qui s'appelle 'Annie'. Donc je suis restée ici à Genève pendant six semaines. C'était long! Normalement, je pars en vacances avec ma mère pendant un mois. On reste chez des cousins à la campagne. Cette année, on va aller chez mes cousins pour deux semaines, puis on va passer trois semaines ensemble dans les Alpes et on va faire beaucoup de marche à pied. Beurk!

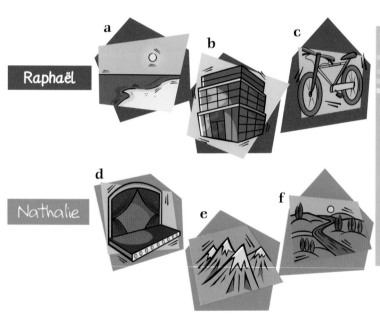

Raphaël a b c

Nathalie d e f

Expo-langue ▶ Grammaire 4.8

Certain words and phrases give you clues about tenses.

Présent:
généralement = generally
normalement = normally
d'habitude = usually

Passé:
l'année dernière = last year

Futur:
l'année prochaine = next year

écouter 2 Écoute et choisis la bonne phrase: «a» ou «b».

Laurent	Yasmina	Shazia
1 a Je vais aller en Espagne. **b** Je suis allé en Espagne.	**3 a** Je vois mes copines. **b** J'ai vu mes copines.	**5 a** Je vais aller chez mes cousins. **b** Je suis allée chez mes cousins.
2 a Je joue au foot. **b** J'ai joué au foot.	**4 a** Je vais à Londres. **b** Je suis allée à Londres.	**6 a** Je vais en colonie de vacances. **b** Je suis allée en colonie de vacances.

écouter **3** La semaine de Michel. Regarde les images, écoute et remplis la grille.

Présent	Passé	Futur

a   b   c   d   e

f   g   h   i

parler **4** À deux. Regarde les cercles et les carrés, et fais des phrases.

Exemple:

■ a6 ...

● Demain, je vais voir ma grand-mère. b3 ...

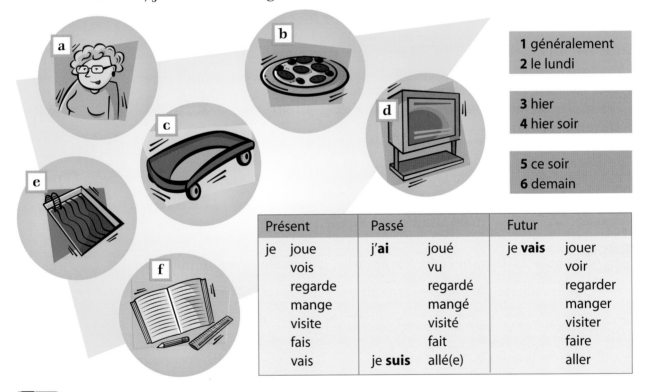

a   b   c   d   e   f

1 généralement
2 le lundi

3 hier
4 hier soir

5 ce soir
6 demain

Présent		Passé		Futur	
je	joue	j'**ai**	joué	je **vais**	jouer
	vois		vu		voir
	regarde		regardé		regarder
	mange		mangé		manger
	visite		visité		visiter
	fais		fait		faire
	vais	je **suis**	allé(e)		aller

parler **5** Réponds aux questions et prépare un exposé: 'Ma semaine'.

● Qu'est-ce que tu fais normalement le dimanche? Et le lundi?
● Qu'est-ce que tu as fait hier? Et hier soir?
● Qu'est-ce que tu vas faire ce soir? Et demain?

écrire **6** Ma semaine. Réponds aux questions de l'exercice 5 et écris un paragraphe.

1 Lis le texte de Ludovic et remplis la grille.

J'aime ...	Je dois ...	Je voudrais ...
d		

J'aime beaucoup nager et j'aime aller à la pêche. Avant tout, j'aime faire de la planche à voile.

Cet été, je voudrais faire un stage de voile, mais je ne peux pas parce que c'est trop cher. Ma mère dit qu'il faut attendre. L'année prochaine peut-être ...

Mon frère, Emmanuel, adore faire du jet-ski et moi aussi, je voudrais essayer. Mais je ne peux pas car je suis trop jeune. Ce n'est pas juste!

Pour la plongée, c'est pareil! Je voudrais vraiment faire de la plongée, mais ma mère dit qu'il faut attendre. Je préfère rester avec mon frère. Mais non, je ne peux pas.

Cet été, malheureusement, je dois aller voir mon oncle qui habite une ferme à la campagne. Je vais y aller avec ma mère et ma sœur, mais je n'ai pas envie car je déteste les chevaux, je déteste mes cousins et je déteste travailler pendant les vacances. **Ludovic**

Expo-langue
▸ **Grammaire 3.9**

You can use the infinitive with lots of expressions:
J'aime/Je préfère nager
I like/prefer swimming
Je peux/veux/dois nager
I can/want to/have to swim
Je vais nager
I'm going to swim
Je voudrais nager
I would like to swim

c'est pareil = it's the same

a  b

c d

e  f  g

2 Écoute la dispute et lis les phrases. Qui parle: maman ou Ludovic?

a (Je ne veux pas aller à la ferme cette année.)

b (Je voudrais faire de la plongée avec Emmanuel.)

c (On va aller chez tonton Michel, comme toujours.)

d (Je voudrais faire un stage de voile.)

e (On fait toujours la même chose.)

f (Tu dois attendre. C'est dangereux et tu es trop jeune.)

g (Je déteste aller chez tonton Michel. Je n'aime pas rester à la ferme.)

h (Je peux aller en colo?)

3 Sondage. Pose des questions et fais des conversations.

colo (colonie de vacances) = holiday camp

■ Qu'est-ce que tu aimes faire le week-end?
● J'aime ...
■ Qu'est-ce que tu veux faire ce week-end?
● Je veux ..., mais je ne peux pas. Je dois ...

lire 4 **Regarde les images. Qui parle?**

a

b

c

d

e

f

Pendant les grandes vacances, je voudrais passer toute la journée sur une plage en Tunisie, rencontrer beaucoup de garçons sympas. Je voudrais rester en Tunisie et je ne voudrais pas rentrer au collège au mois de septembre. J'ai déjà fait du ski nautique. Je voudrais aussi faire du jet-ski, mais c'est un rêve car je suis encore trop jeune. Je voudrais acheter une villa au bord de la mer. Mais ça aussi, c'est un rêve!

Yasmina

Pendant les vacances, je voudrais gagner une compétition de karaté, jouer dans un film de kung-fu et devenir célèbre. C'est un rêve, je sais, mais j'adore ces films. Je voudrais rencontrer Jackie Chan car c'est mon acteur préféré. Je voudrais travailler dans un studio et rencontrer beaucoup d'acteurs et d'actrices célèbres. En plus, je voudrais acheter une moto et traverser le Sahara avec des copains. Plus tard, je voudrais faire le rallye Paris-Dakar: 7000 kilomètres en trois semaines!

Raphaël

parler 5 **À tour de rôle. Jeu d'imagination.**
Quel est ton rêve? Qu'est-ce que tu voudrais faire plus tard?

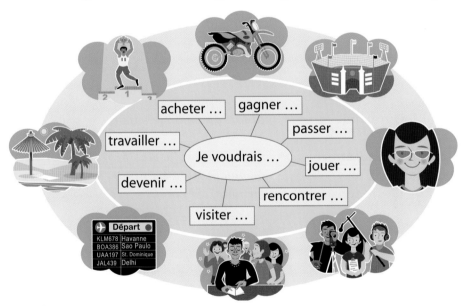

acheter ... gagner ...

travailler ... passer ...

Je voudrais ... jouer ...

devenir ... rencontrer ...

visiter ...

Départ
KLM678 Havanne
BOA386 Sao Paulo
UAA197 St. Dominique
JAL439 Delhi

devenir = to become

... au foot pour mon club.
... sur un film.
... beaucoup de pays exotiques.
... l'été sur la plage.
... mon héros.
... une moto.
... célèbre.
... une compétition.

écrire 6 **Qu'est-ce que tu fais normalement? Qu'est-ce que tu vas faire cet été?**
Qu'est-ce que tu voudrais faire? Écris un paragraphe.

Exemple: **Normalement**, j'écoute de la musique et je joue de la guitare.
Cet été, je vais faire du camping avec ma famille en Normandie.
Un jour, je voudrais devenir chanteur/chanteuse de rock célèbre parce que j'aime la musique et j'aime chanter. Je voudrais aussi ...

Unité 1

I can
- ■ talk about myself and my friends   *Nos chanteurs préférés sont …*
- G use *notre* and *nos*   *Voici notre collège/nos copains.*

Unité 2

I can
- ■ talk about spending and saving pocket money   *J'achète des magazines./ J'économise pour des jeux de console.*
- ■ understand and use high prices   *Ça coûte (75€) soixante-quinze euros.*
- ■ write a simple thank you letter   *Merci pour le cadeau!/C'est super.*
- G use *ne … jamais*   *Je n'achète jamais de magazines.*
- G use *avoir besoin de*   *J'ai besoin de baskets.*

Unité 3

I can
- ■ talk about and compare favourite gadgets   *Le baladeur mp3 est pratique./Un caméscope est plus/mois cher qu'un téléphone.*
- ■ compare items and give opinions   *À mon avis, c'est utile.*
- G use the comparative   *Le jeu est plus cher que le CD.*
- G use the superlative   *le meilleur cadeau/le cadeau le plus cher*

Unité 4

I can
- ■ give more detail about leisure and holiday activities   *J'ai fait du vélo./Je suis resté(e) ici.*
- G talk about the present, past and future   *je fais/j'ai fait/je vais faire*
- G use common time expressions to indicate present, past or future tense   *normalement/d'habitude/l'année dernière/cet été*

Unité 5

I can
- ■ say what I like doing, what I have to do, and what I would like to do   *J'aime/Je dois/Je voudrais travailler à la ferme.*
- ■ talk about hopes and wishes for the future   *Je voudrais devenir célèbre/jouer au foot pour mon club.*
- G use the infinitive in different expressions   *Je peux/préfère/veux/vais nager.*

1 Écoute et remplis la grille. (1–5)

L'argent de poche

	Combien?	Il/Elle achète ...	Il/Elle voudrait acheter ...
1			

 a b c d e f  g h i j

 2 Prépare tes réponses.

- Qu'est-ce que tu achètes en général avec ton argent?
- Qu'est-ce que tu voudrais acheter?
- Que penses-tu des objets de l'exercice 1?

3 Lis les fiches et réponds aux questions.

Nom: Barre   Prénom: Jean-Michel
Âge: 13 ans   Frères: 2   Sœurs: 2
Anniversaire: le 15 août   Domicile: Montréal
Passe-temps: le basket, le hockey sur glace,
le foot, la boxe, la musique rap
Personnalité: sociable et actif
Derniers achats: vêtements de sport, CD
+ vacances de ski
Matières préférées: sport, maths, anglais
Déteste: la lecture, les documentaires
Héros: Mohammed Ali

Nom: Jarreau   Prénom: Julien
Âge: 14 ans   Frères: 0   Sœurs: 1
Anniversaire: le 16 juillet   Domicile: Boulogne-sur-Mer
Passe-temps: lecture, jeux de console,
guitare électrique
Personnalité: assez solitaire
Derniers achats: BD, magazines, livres + jeux,
vacances à New York
Matières préférées: musique, français, dessin, informatique
Déteste: le rugby, South Park
Héros: John Lennon

Vrai ou faux?
1 Julien est plus sociable que Jean-Michel.
2 Julien vient du Canada.
3 Jean-Michel est moins âgé que Julien.
4 Jean-Michel aime lire.
5 Julien aime le sport.

Probable ?✔ ou peu probable ?✗ ?
6 Julien va faire un stage de sport pendant les grandes vacances.
7 Hier soir, Jean-Michel a passé deux heures à lire.
8 Julien passe beaucoup de temps à jouer de la guitare.
9 Jean-Michel voudrait acheter un maillot de foot avec son argent de poche.
10 Julien a beaucoup de livres dans sa chambre.

 4 Écris un paragraphe sur chaque personne de l'exercice 3.

La chambre de Clément et de Matthieu

 1 **Lis et écoute. Trouve une phrase dans le texte pour chaque image.**

Exemple: **a** Nos vêtements sont dans l'armoire.

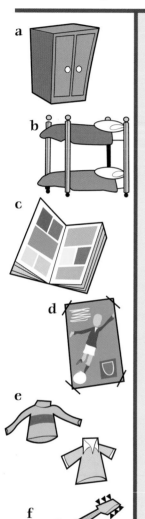

a

b

c

d

e

f

g

h

i

j

k

l

Je m'appelle Clément. J'ai treize ans. Je partage ma chambre avec mon frère Matthieu qui a dix ans.

On s'entend bien en général, mais des fois, il est bête. Il ne range jamais ses affaires. Voici notre chambre. Il y a deux lits superposés. Voici notre télévision avec notre console de jeu. Notre ordinateur est sur le bureau. Il est moche et l'imprimante ne marche pas. Ma guitare est sur la chaise. Mes livres sont sur l'étagère à droite et les livres de mon frère sont à gauche. Il a beaucoup d'albums de BD. Moi, je préfère lire des biographies de sportifs. Mon héros, c'est le joueur de tennis Sébastien Grosjean. J'ai aussi des posters de mes footballeurs préférés sur le mur, mais je ne suis pas sportif. Mon frère préfère les personnages de BD et de séries de télé. Nos vêtements sont dans l'armoire. Il n'y a pas assez de place pour deux armoires. Mes CD, mes jeux de console et mes DVD sont dans un tiroir sous le lit.

Il y a une chaîne hi-fi, mais elle est cassée en ce moment. J'ai besoin d'une nouvelle chaîne, et je voudrais m'acheter une nouvelle console. Mon frère peut garder la vieille console. Notre chambre est plus petite que la chambre de ma sœur. Et elle, elle ne doit pas partager sa chambre. Ce n'est pas juste!

Normalement, je passe mon temps libre à lire, à jouer de la guitare et à jouer aux jeux vidéo. J'aime surtout les jeux de course poursuite. Je joue avec mon frère et avec mes copains. Mon frère est toujours le meilleur. Je ne gagne jamais.

Hier, j'ai joué de la guitare, puis j'ai passé deux heures à jouer à un jeu qui s'appelle *Combat*. D'abord, j'ai joué seul. Puis j'ai joué avec mon frère. Il a gagné et moi, j'ai cassé le contrôleur! Je vais en acheter un autre avec mon argent de poche.

course poursuite = racing/chase

 2 **Réponds aux questions en anglais.**

1 What did Clément do yesterday? (3)
2 What is he going to buy with his pocket money? (1)
3 What else does he need? (2)
4 What are his hobbies? (3)
5 What does he think about his room? (1)
6 What does he say about his brother? (4)

 3 **Écris une description de ta chambre.**

 4 **Fais une présentation audio(-visuelle) de ta chambre.**

Petit Dico SMS

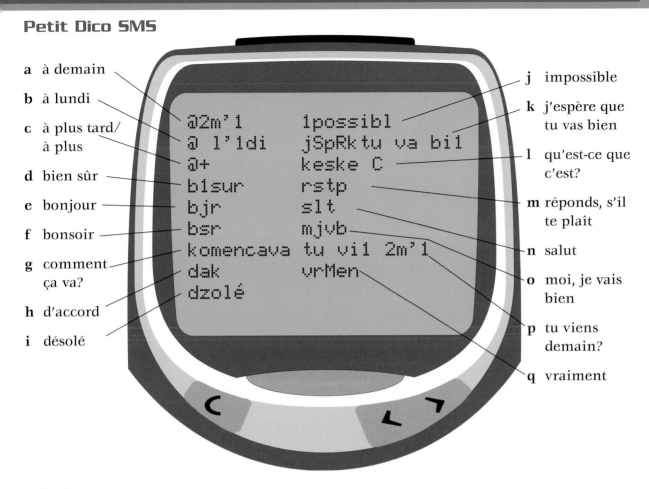

a à demain
b à lundi
c à plus tard/ à plus
d bien sûr
e bonjour
f bonsoir
g comment ça va?
h d'accord
i désolé

j impossible
k j'espère que tu vas bien
l qu'est-ce que c'est?
m réponds, s'il te plaît
n salut
o moi, je vais bien
p tu viens demain?
q vraiment

Screen text:
```
@2m'1        1possibl
@ l'1di      jSpRk tu va bi1
@+           keske C
b1sur        rstp
bjr          slt
bsr          mjvb
komencava    tu vi1 2m'1
dak          vrMen
dzolé
```

5 Écoute et trouve l'expression de la liste. (1–10)

Exemple: 1 n

6 Copie la bonne phrase 'texto'.

1 Really
2 Are you coming tomorrow?
3 Hi
4 Me, I'm fine
5 OK
6 Impossible
7 How are you?
8 See you tomorrow
9 See you later
10 Sorry

7 Écris une conversation; les mots en gras viennent du Petit Dico SMS.

Salut! Ça va? Tu veux venir au cinéma ce soir?

Désolé(e). J'ai trop de devoirs.

Tu es sûr?

Oui, **impossible**!

Demain?

Oui, **d'accord**!

19h devant le ciné?

OK. **À demain**.

La page des blagues

lire **1** **Lis les blagues. C'est quelle image?**

a

b

c

1 Toto a perdu son chien.

Papa: *Ce n'est pas grave. On va mettre une annonce dans le journal.*

Toto: *Mais papa, mon chien ne sait pas lire!*

2 Toto: *J'ai fait un puzzle en trois heures, et sur la boîte, c'est marqué de 4 à 7 ans!*

3 Maman: *Toto, as-tu changé l'eau du poisson rouge?*

Toto: *Non, maman, il n'a pas encore tout bu!*

4 La famille de Toto est en train de manger.

Toto: *Papa, est-ce que les fraises ont des pattes?*

Papa: *Bien sûr que non, Toto.*

Toto: *Alors, papa, tu as mangé un insecte!*

d

5 Que dit le gros citron au petit citron?

Il ne faut pas être pressé!

6 Un père: *Tu travailles mal à l'école. À ton âge, Abraham Lincoln était le premier de sa classe.*

Son fils: *À ton âge, papa, il était Président des États-Unis!*

7 – Mes voisins de l'étage du dessus sont insupportables!

– Pourquoi?

– Hier, à deux heures du matin, ils ont frappé sur le plancher pendant une heure!

– Tu étais au lit?

– Non, heureusement, j'étais en train de jouer de la trompette!

e

f

g

2 **Voici la fin de cinq blagues. C'est quelle blague?**

a Well then, Dad, you've eaten an insect!

b No, fortunately I was in the middle of playing the trumpet!

c At your age, Dad, he was president of the United States!

d But Dad, my dog doesn't know how to read!

e He hasn't drunk it all yet!

3 **Trouve le mot.**

1 Un fruit rouge.

2 Les pieds d'un animal ou d'un insecte.

3 Les personnes qui habitent près de chez vous.

4 Le 'Daily Mirror' ou 'le Parisien'.

5 Un fruit jaune.

4 **Réponds aux questions en anglais.**

1 Which jokes are based on situations?

2 Which joke is based on linguistic humour?

3 Which jokes work in English?

4 Which one doesn't really work in English? Explain why.

5 **À deux. Lis les blagues à haute voix. Joue un sketch devant ta classe.**

6 **Lis, écoute et chante!**

La chanson du robot triste

Je suis un robot
Je suis une machine
Mais je suis programmé
Pour faire le café.

Je suis intelligent
Je suis technochampion
Mais je suis programmé
Pour passer des CD.

[Refrain]
Je suis une merveille
Je suis fantastique
Mais je ne suis qu'un appareil
Domestique.

Je suis un ordinateur
Je suis un super-professeur
Mais je suis programmé
Pour faire le déjeuner.

Je suis fort en informatique
Je suis fort en physique
Mais je suis programmé
Pour chanter et danser.

[Refrain]

Je suis le meilleur
Je suis une vedette
Mais je suis programmé
Pour allumer la télé.

Je suis un génie
Mais je n'ai pas d'amis
Je suis programmé
Sans personnalité.

[Refrain]

Opinions et passe-temps / *Opinions and interests*

Mon sport préféré, c'est …	*My favourite sport is …*
Mon émission préférée, c'est …	*My favourite programme is …*
Mes matières préférées sont …	*My favourite subjects are …*
Mes acteurs/chanteurs préférés sont …	*My favourite actors/singers are …*
Je n'ai pas de chanteur préféré.	*I don't have a favourite singer.*
Notre collège s'appelle …	*Our school is called …*
Notre cantine est moderne.	*Our canteen is modern.*
Nos profs sont rigolos.	*Our teachers are funny.*

L'argent de poche / *Pocket money*

J'achète …	*I buy …*
des bonbons et des chocolats	*sweets and chocolates*
des magazines	*magazines*
des cadeaux	*presents*
du maquillage	*make-up*
du matériel scolaire	*things for school*
des CD et des DVD	*CDs and DVDs*
des baskets	*trainers*
des jeux de console	*console games*
Je n'achète jamais … de chocolat.	*I never buy … chocolate(s).*
J'économise pour …	*I'm saving for …*
J'ai besoin …	*I need …*
J'ai besoin de baskets.	*I need some trainers.*

Les cadeaux / *Presents*

un jeu pour PC	*a computer game*
un jeu pour Gameboy	*a Gameboy game*
un jeu de société (version électronique)	*a board game (electronic version)*
un lecteur karaoké	*a karaoke machine*
une voiture radiocommandée	*a radio-controlled car*
un paquet de classeurs	*a pack of files*
Ça coûte …	*It costs …*
Merci pour le cadeau.	*Thank you for the present.*
Tu es vraiment généreux.	*It's really kind of you.*
C'est parfait.	*It's perfect.*

Les gadgets / *Gadgets*

le téléphone portable	*mobile phone*
le caméscope	*camcorder*
le baladeur mp3	*mp3 walkman*
le clavier électronique	*electric keyboard*
la manette	*gamepad*
l'appareil photo numérique	*digital camera*
l'organiseur électronique	*PDA (electronic organiser)*

Les comparaisons / *Comparing things*

plus cher que	*more expensive than*
plus grand que	*bigger than*
moins grand que	*smaller than*
le meilleur cadeau	*the best present*
compliqué(e)	*complicated*
démodé(e)	*old-fashioned*
facile à utiliser	*easy to use*
difficile à utiliser	*difficult to use*
pratique	*practical*
utile	*useful*
élégant(e)	*elegant*
amusant(e)	*amusing*
cher (chère)	*expensive*
C'est génial!	*It's great!*
C'est trop cher!	*It's too expensive!*
Ce n'est pas mal.	*It's not bad.*
C'est nul!	*It's rubbish!*

Les expressions de temps

l'année dernière	*last year*
samedi dernier	*last Saturday*
normalement	*normally*
généralement	*generally*
d'habitude	*usually*
de temps en temps	*from time to time*
des fois	*sometimes*
cet été	*this summer*
l'été prochain	*next summer*
l'année prochaine	*next year*

Time expressions

Dans tes rêves

In your dreams

Je voudrais …	*I would like to …*
rencontrer des garçons sympas	*meet nice boys*
jouer au foot pour mon club	*play football for my club*
acheter une moto	*buy a motorbike*
faire du jet-ski	*go jet-skiing*
devenir chanteur de rock	*become a rock star*
rencontrer mon héros célèbre	*meet my hero famous*
gagner une compétition	*win a competition*
passer l'été sur la plage	*spend the summer on the beach*
visiter des pays exotiques	*visit exotic countries*
travailler sur un film	*work on a film*

Stratégie 6

Impress a French person – show how much you know!

Sometimes it's easy to forget how much you really can say and write in French. For example, by the end of this book you can use a French infinitive with lots of different verbs to express a range of feelings, desires and intentions.

Take the phrase *faire les devoirs*. You can use *J'aime, J'adore, Je préfère, Je veux, Je peux, Je dois, Je vais* and *Je voudrais* to say that you like or love doing your homework, you prefer or want to do it, you can do it, you have to do it, you're going to do it or you'd like to do it. Or not, as the case may be (don't forget to add *ne … pas*)!

First of all write out all these phrases. Then use another infinitive or phrase with an infinitive to make up some different sentences.

Then show off to a French person.

Turn to page 157 to remind yourself of the *Stratégies* you learnt in *Expo 1*.

lire 1 Complète les phrases.

au chômage

infirmier

secrétaire

coiffeur

professeur

1 Mon père est ▬ et il travaille dans un hôpital.
2 Ma sœur travaille dans un collège où elle est ▬.
3 Mon frère travaille dans un salon de coiffure parce qu'il est ▬.
4 Mon beau-père ne travaille pas. Il est ▬.
5 Ma mère, qui est ▬, travaille dans un bureau.

lire 2 Copie et complète la carte d'identité.

Mon demi-frère s'appelle Gérard et il habite avec mon père et ma belle-mère à Lille dans le nord de la France. Il a onze ans, il est très actif et assez amusant. Il aime la musique hip-hop et le vélo, mais il n'aime pas le collège. Il collectionne les posters de David Beckham et il joue au foot. Il est assez petit, il a les yeux verts et les cheveux bruns.

Prénom:
Habite:
Âge:
Caractère:
Aime:
N'aime pas:
Collectionne:
Joue:
Description physique:

écrire 3 Écris un paragraphe sur Paul.

Prénom: Paul
Habite: Marseille
Âge: 15 ans
Caractère: timide, sportif
Aime: la musique, le ski
N'aime pas: la télé
Collectionne: les jeux vidéo
Joue: au basket
Description physique: cheveux
                       bruns, yeux marron

1 **Lis le texte, puis trouve la fin de chaque phrase.**

Un jour dans la vie de Didier Dubois, assistant français

Bonjour, je m'appelle Didier Dubois et je suis assistant de français dans un collège à Lewisham dans le sud de Londres. J'habite à Londres depuis deux mois, mais je viens de Marmande, une petite ville dans le sud de la France près de Bordeaux.

Je me lève tous les jours à 7h45 et je prends mon petit déjeuner dans la cuisine. Je préfère le petit déjeuner français, donc je mange du pain et du beurre et je bois du café. Après, je vais au collège. Je pars à 8h30 et j'arrive à 9h. Tous les jours, je commence à 9h10 et je finis à 13h: j'ai de la chance!

L'après-midi, s'il fait chaud, je vais dans le centre de Londres où je visite un musée ou je fais une promenade à Hyde Park. Quand il pleut, je lis à la maison ou je vais voir un film au cinéma du coin. J'adore l'Angleterre!

1 Didier travaille …	**a** à treize heures.
2 Il habite …	**b** il va en ville.
3 Il vient …	**c** à huit heures moins le quart.
4 Il se lève …	**d** dans un collège.
5 Au petit déjeuner, il boit …	**e** du café.
6 Il part …	**f** en Angleterre.
7 Il finit son travail …	**g** à huit heures et demie.
8 Quand il fait chaud, …	**h** lire ou aller voir un film.
9 Quand il pleut, il préfère …	**i** l'Angleterre.
10 Il aime …	**j** de France.

2 **Écris un texte sur Mary O'Connell.**

Mary O'Connell est assistante d'anglais. Elle …

Métier: assistante d'anglais (collège à Marseille)
Habite à: Marseille (depuis 6 mois)
Vient de: Newcastle
Se lève à: 7h15
Petit déjeuner: un bol de céréales, un jus d'orange
Heures de travail: 8h-15h
Passe-temps: tennis, vélo (s'il fait chaud); cinéma, télé (s'il pleut)
Opinion: adore la France

D Qu'est-ce qu'ils ont fait? À quelle heure?

Exemple: 1 c, 20h, …

15:30 17:00 17:30

19:00 19:15 20:00

20:30 21:00

a b c d

e f g h

1 Hier soir, j'ai regardé *EastEnders* à vingt heures. C'était passionnant! Puis j'ai fait mes devoirs à vingt heures trente.

2 Hier, j'ai joué au foot à dix-sept heures. Puis à dix-neuf heures, j'ai joué à la console.

3 Moi, j'ai mangé une pizza à dix-neuf heures quinze. Puis j'ai joué aux cartes avec mon père à vingt et une heures. J'ai gagné!

4 Dimanche, j'ai téléphoné à ma grand-mère à quinze heures trente; après, à dix-sept heures trente, j'ai écouté de la musique.

2 La semaine de Félix. C'était quel jour?

a MUSÉE

b

c

d

e

f

Félix

samedi: Après le collège, je suis allé à la piscine et après, j'ai mangé dans un fast-food.

dimanche: Je suis resté à la maison et j'ai écouté de la musique.

lundi: Après les cours, j'ai eu mon cours de tennis. C'était super! Le soir, j'ai joué à la console avec mon copain Edouard.

mardi: Je suis allé au collège, comme toujours. Rien de spécial. J'ai fait beaucoup de devoirs, comme toujours.

mercredi: L'après-midi, je suis allé en ville et j'ai acheté un CD.

jeudi: J'ai fait une sortie scolaire avec ma classe: nous avons visité le musée de l'automobile et de l'industrie à Mulhouse.

3 Copie et complète le paragraphe.

1 J'ai  . Puis, j'ai .

4 Puis j'ai . Je n'ai pas .

2 Après, j'ai avec mon père.

5 Et enfin, j'ai  .

3 J'ai  une BD.

1 Lis le texte sur la journée de Gowan. Quelle heure est-il?
Relie l'heure et l'image.

À midi, j'ai bu trois cocas et j'ai mangé cinq paquets de chips. Puis j'ai pris une douche. Après, à une heure, j'ai regardé un film en noir et blanc à la télé. Puis j'ai dormi un peu. À cinq heures, j'ai lu un magazine de rock. Puis j'ai dormi un peu. À sept heures, j'ai fait des exercices de gymnastique et j'ai cassé ma guitare. À sept heures et quart, j'ai joué à 'Robot-Combat' pendant cinquante minutes, mais j'ai cassé la manette. Puis, vers huit heures et demie, j'ai regardé trois émissions de télé: *Star Trek, Les Simpson* et *Star Academy.* À dix heures, j'ai téléphoné à la pizzeria pour commander trois pizzas Napoli (deux pour moi et une pour le chien). J'ai attendu une heure … pas de pizza! Le chien a mangé le téléphone et mon téléphone portable était cassé. J'ai regardé un film d'horreur sur Canal Plus et j'ai dormi … C'est dur, la vie d'un chanteur de rock!

Gowan

la manette = gamepad

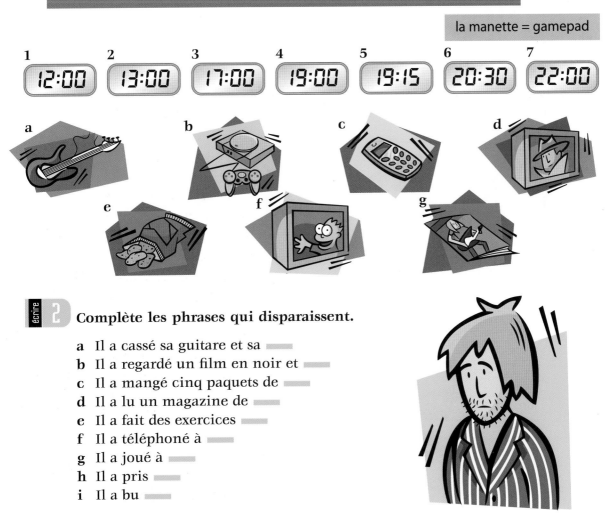

1 `12:00` 2 `13:00` 3 `17:00` 4 `19:00` 5 `19:15` 6 `20:30` 7 `22:00`

2 Complète les phrases qui disparaissent.

a Il a cassé sa guitare et sa ▬▬
b Il a regardé un film en noir et ▬▬
c Il a mangé cinq paquets de ▬▬
d Il a lu un magazine de ▬▬
e Il a fait des exercices ▬▬
f Il a téléphoné à ▬▬
g Il a joué à ▬▬
h Il a pris ▬▬
i Il a bu ▬▬

3 Mets les phrases de l'exercice 2 dans l'ordre chronologique.

1 lire Copie et complète la grille.

Ce soir, je veux jouer au tennis avec mes copains, mais je dois faire mes devoirs et puis promener le chien. Didier

Ce week-end, je veux faire une promenade avec mes amis, et après, je veux aller à une fête chez Louise. Mais mes parents disent que je dois faire les courses avec ma mère et que je dois ranger ma chambre. Benjamin

Dimanche après-midi, je veux jouer au badminton et puis aller au bowling, mais malheureusement, je dois rester à la maison et laver la voiture de ma grand-mère. Ce n'est pas juste! Thierry

Prénom	Veut	Doit
Didier	i	
Benjamin		
Thierry		

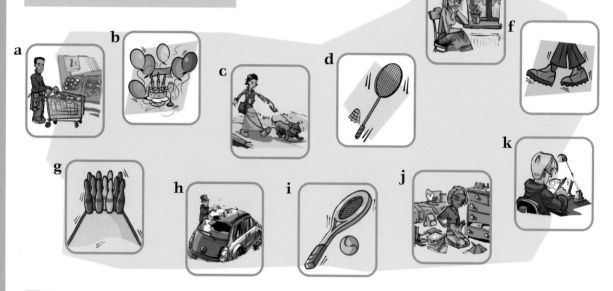

a b c d e f g h i j k

2 écrire Écris des phrases.

Exemple: **Lundi**, je veux **voir un film**, mais je ne peux pas parce que je dois **promener le chien**.

Jour	Je veux …	Je dois …
lun.		
mar.		
mer.		
jeu.		

lire 1 Lis le texte, puis relie les phrases.

D'habitude, le samedi, je dois ranger ma chambre. Mais samedi dernier, je suis allée en ville avec mon copain. D'abord, on est allés chez Pimkie où j'ai acheté une veste en jean et un tee-shirt blanc. Pimkie est un très bon magasin de vêtements. Le supermarché, je sais que c'est moins cher, mais je pense que les vêtements chez Pimkie sont plus jolis. Après, on est allés au magasin de sport où mon copain a acheté une paire de baskets très cool. Puis on est allés à la librairie où j'ai acheté un livre pour l'anniversaire de ma mère. Enfin, on est allés au café pour boire un coca avant de rentrer en bus. **Annie**

je sais que = I know that

1 D'habitude, le week-end, Annie doit …	a acheté des vêtements.
2 Elle est allée en ville …	b samedi dernier.
3 Chez Pimkie, elle a …	c au magasin de sport.
4 Elle pense que les vêtements au supermarché …	d aider à la maison.
5 Elle préfère les vêtements …	e bu un coca.
6 Son copain a acheté des baskets …	f sont moins chers.
7 Annie a acheté un cadeau …	g à la librairie.
8 Au café, ils ont …	h chez Pimkie.

écrire 2 Utilise ces notes pour décrire ce que tu as fait samedi dernier.

avec ma copine

au magasin de musique

au magasin de vêtements

au magasin de sport   pour mon frère

à la boulangerie   pour maman

1 Qu'est-ce qu'il manque dans chaque panier?

a
500 g de tomates
1 paquet de biscuits
1 paquet de bonbons
une bouteille de ketchup
1 brique de lait
1 boîte de haricots blancs
1 paquet de chips

b
4 yaourts
6 œufs
un pot de confiture
300 g de fromage
une baguette
1 litre d'eau
2 paquets de chips

manquer = to be missing

2 Lis l'invitation et les phrases. Vrai ou faux?

C'est la fête!
Venez nombreux!

Qui? Nadine Gauthier
Pourquoi? Je fête mes 13 ans!
Quand? Samedi 14 mars
Thème: Tomb Raider!
À quelle heure? De 19 heures à 23 heures

Où? Chez moi – appt. 4; 12, rue de Paris 33 000 Bordeaux Tel: 05 12 34 56 78
e-mail: nadgaut121@wanadoo.fr

1 Il faut aller dimanche chez Nadine.
2 Il faut arriver à sept heures du soir.
3 Il faut partir à huit heures.
4 Il ne faut pas aller à l'appartement numéro 6.
5 Pour confirmer, il faut téléphoner au 05 12 34 66 78.
6 Il ne faut pas aller à Biarritz.
7 Il ne faut pas dire «Joyeux anniversaire» à Nadine.
8 Il faut porter des vêtements comme Lara Croft.

3 Écris une invitation et écris trois phrases avec
'il faut' et trois phrases avec 'il ne faut pas'.

1 Lis la publicité et complète les phrases.

Pizzeria	
Pizzeria «Petite Italie»	Notre spécialité: la pizza diabolo
5, rue Jean Talon	**!!!! Attention!!!!**
Montréal	
La vraie pizza italienne	
Un choix de cinquante et une pizzas	Livraison à domicile
	Ouvert 24h/24, 7 jours/7
	Propriétaire: Vincenzo Pépé

1 La pizzeria se trouve *au Canada/en France.*
2 Toutes les pizzas sont *américaines/italiennes.*
3 La pizzeria est ouverte *tous les jours/le dimanche seulement.*
4 Le choix de pizzas est *petit/grand.*
5 La pizzeria est ouverte *toute la journée/le matin seulement.*

2 Lis le texte de David et réponds aux questions.

Je m'appelle David Bouchard. J'habite à Montréal au Canada avec mes parents et mes deux frères: mon frère aîné Guy qui a dix-neuf ans et mon petit frère André. J'ai quatorze ans. Samedi dernier, c'était mon anniversaire. J'ai passé une journée géniale. J'adore le hockey sur glace, donc mon cadeau préféré a été une paire de patins. À midi, j'ai retrouvé trois copains et on a pris le métro pour aller à l'université de Montréal où c'est bien équipé pour faire du sport. D'abord, nous avons joué au hockey sur glace avec mon frère et ses copains. C'était super! Après, on est allés au cinéma et on a vu un nouveau film d'action qui s'appelle *Vortex 3.* Le soir, je suis allé à la pizzeria «Petite Italie» avec ma famille. Moi, j'ai mangé une pizza diabolo: c'est la spécialité du restaurant. C'est délicieux, mais c'est très, très épicé! J'ai mangé une grande salade aussi. J'ai bu trois cocas et beaucoup d'eau! C'était une journée fantastique.   *David*

des patins   le métro

épicé(e) = spicy

1 Dans quel pays habite David?
2 Il a combien de frères et sœurs?
3 Quel âge a David?
4 Avec qui est-il allé à l'université de Montréal?
5 Pourquoi sont-ils allés à l'université?
6 Où est-il allé après le cinéma?
7 Qu'est-ce que David a mangé à la pizzeria?
8 C'est comment, la pizza diabolo?

3 C'était ton anniversaire. Qu'est-ce que tu as fait?
Où est-ce que tu es allé(e)? Écris un paragraphe.

lire 1 Lis l'e-mail pour l'office de tourisme de York.
Puis réponds aux questions en anglais.

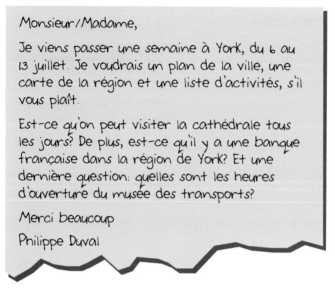

Monsieur/Madame,

Je viens passer une semaine à York, du 6 au 13 juillet. Je voudrais un plan de la ville, une carte de la région et une liste d'activités, s'il vous plaît.

Est-ce qu'on peut visiter la cathédrale tous les jours? De plus, est-ce qu'il y a une banque française dans la région de York? Et une dernière question: quelles sont les heures d'ouverture du musée des transports?

Merci beaucoup

Philippe Duval

1 When is Mr Duval coming to York?
2 How long is he staying?
3 What three things does he want from York tourist information centre?
4 What three questions does he ask?

lire 2 Les vacances. Remplis les blancs dans l'interview.

■ —— est-ce que tu passes tes vacances d'habitude?
● Je passe mes vacances au bord de la mer, en France ou en ——.
■ Avec ——?
● Avec ma famille, d'habitude.
■ Qu'est-ce que tu —— pendant les vacances?
● Je vais à la ——, je joue au tennis et je fais du ——.
■ Qu'est-ce que tu ——? Le collège ou les vacances?
● À mon ——, les vacances sont plus amusantes que le collège!

préfères   avis   qui   VTT

Où   fais   plage   Espagne

écrire 3 Écris une conversation sur quelqu'un qui préfère passer les vacances à la montagne. Invente d'autres détails.

lire 1 Lis les textes. Copie la grille et mets les images dans la bonne colonne.

—— CARTE POSTALE ——

Je suis en Allemagne et je passe des vacances superbes chez ma correspondante allemande. On se baigne tous les jours dans la piscine découverte et j'ai rencontré beaucoup de jeunes Allemands. Hier soir, je suis allée voir un concert au stade. C'était chouette. Demain, on va faire une promenade dans les montagnes.
À bientôt
Laure

—— CARTE POSTALE ——

Salut! Je suis en Grèce! Je vais à la plage tous les jours et hier, j'ai fait du ski nautique! C'était fantastique! J'ai fait une excursion en bateau avec mes parents mais ça, c'était un peu ennuyeux ... Demain, on va acheter des souvenirs, qu'est-ce que tu veux???
Kévin

CARTE POSTALE

Bonjour! J'ai de la chance parce que je suis au Sénégal avec ma sœur ...
Le centre de vacances est super. On joue au golf tous les jours et on fait du tir à l'arc aussi. Mardi, on a visité des monuments historiques et vendredi, je vais faire du banana-riding!
Sammy

a   b

c   d

e   f

g   h

i   j

k   l

	Fait tous les jours	A déjà fait	Va faire
Laure	h		
Kévin			
Sammy			

écrire 2 Julie et Adrien sont en vacances. Écris deux cartes postales.
Utilise cette grille.

	Fait tous les jours	A déjà fait	Va faire
Julie	f, g	d, e	c, h
Adrien	a, k, e	g, l, c	j, b, l

1 Lis la conversation. Copie la fiche d'identité et remplis les blancs.

- Comment t'appelles-tu?
- Omar.
- Tu viens d'où?
- Je viens de Martinique. J'habite dans la capitale, Fort de France.
- Tu parles quelles langues?
- Le français et le créole.
- Qu'est-ce que tu aimes faire?
- J'aime nager et faire de la plongée. J'aime aussi prendre des photos et rencontrer des gens.
- Qu'est-ce que tu n'aimes pas?
- Je n'aime pas la pluie et je n'aime pas rester à la maison.
- Qu'est-ce que tu achètes avec ton argent de poche?
- Du matériel de photo.
- Tu as déjà visité la France?
- Oui. Une fois. Il faisait froid. C'était affreux!
- Qu'est-ce que tu vas faire cet été?
- Je vais faire de la plongée et prendre des photos sous-marines.

Prénom: Omar

Domicile: Fort de France, en ......

Langue(s) parlée(s): le créole, ...

Aime: la natation, la plongée, ...

N'aime pas: la pluie, rester ....

Achète: du matériel de ....

Pays visité: la ....

En été: prendre des photos sous ......

2 Lis la conversation encore une fois et choisis la bonne phrase.

1 Omar habite en *France/Martinique.*
2 Il parle *deux/trois* langues.
3 Il aime les sports *nautiques/d'équipe.*
4 Il est *timide/sociable.*
5 Il n'aime pas *le mauvais temps/le soleil.*
6 Il *a aimé/n'a pas aimé* la France.

Fort de France

3 Écris un paragraphe sur Omar. Utilise tes réponses de l'exercice 2.

1 Un sondage. Pour chaque titre, note des détails en anglais.

Je m'appelle Célia Mélanian. J'ai treize ans et j'habite un appartement à Reims avec ma belle-mère et ma petite sœur Anne. Je suis en 5e au collège Albert Camus.

J'ai fait un petit sondage dans ma classe. Voici les résultats.

Nos professeurs: Nous aimons la plupart de nos profs. Ils sont sympas et pas trop stricts. Le prof le plus populaire est M. Rocca, le prof de sport.

Nos émissions préférées: *Les Simpson*, bien sûr. *Friends, Star Academy*. Nous n'aimons pas trop les documentaires, mais *Thalassa* (une émission sur la vie marine) est assez populaire. Nous ne regardons jamais les débats politiques.

Nos vedettes préférées: 28 élèves, 28 personnes différentes! Des sportifs, des acteurs, des chanteurs.

Notre argent de poche: Nous achetons des chocolats, des petits cadeaux d'anniversaire pour les copains. Et si on a assez d'argent des DVD, des CD, des jeux vidéo, des baskets. Nous avons toujours besoin d'argent pour nos loisirs.

Nos gadgets préférés: Les baladeurs mp3 et les consoles de jeu.

Nos héros: Nous admirons beaucoup de personnes différentes. Nelson Mandela est la personne la plus populaire.

Our Teachers   Favourite TV programmes   Favourite celebrities   Gadgets   Heroes   Pocket money

2 Lis l'e-mail. Tu es Célia. Réponds aux questions.

J'aime aller au cinéma et j'aime la lecture. Je n'aime pas faire de sport, sauf un peu de tennis en été. Récemment, j'ai lu un roman qui s'appelle *1984*. C'était vraiment bien. Mon émission de télévision préférée en ce moment est *Le retour de Dr Who*, parce que j'aime beaucoup la science-fiction. J'aime écouter une chanteuse qui s'appelle Dido. L'autre jour, j'ai acheté son nouvel album. J'adore visiter des pays étrangers. L'année dernière, j'ai visité les États-Unis et le Canada. C'était vraiment bien. On a vu plein de choses et on a visité New York. Mais c'était trop cher et cet été, on va rester en France. Je vais passer beaucoup de temps au bord de la mer. Je peux peut-être rencontrer des garçons de mon âge. Mon rêve: je voudrais devenir un écrivain célèbre comme J.K. Rowling, acheter un grand bateau et habiter dans une villa sur une île tropicale.   **Célia**

1 Qu'est-ce que tu aimes faire comme passe-temps?
2 Quelle est ton émission préférée? Pourquoi?
3 Tu aimes écouter quelle sorte de musique?
4 Où es-tu allée l'année dernière?
5 Et cette année, où est-ce que tu vas aller?
6 Qu'est-ce que tu vas faire?
7 Quels sont tes projets d'avenir?

sauf = except for
devenir = to become

3 Utilise les questions de l'exercice 2 et écris un e-mail sur toi.

Grammaire

Glossary of grammatical terms

adjective	a describing word (*rouge, petite, intéressants*). The words for 'my', 'your', etc. are **possessive adjectives**.
adverb	a word used to describe an action (**vite, souvent**)
article	the word 'a', 'some' or 'the' before a noun. (*un/une/des, le/la/les*)
connective	a word used to join phrases or sentences (*mais, parce que*)
gender	tells you whether a noun is masculine or feminine (*un crayon* is masculine, *une gomme* is feminine)
imperative	the verb form you use when you are telling someone to do something (*copie et complète, levez-vous*)
infinitive	the original, unchanged form of the verb, which you find in the dictionary (*parler* to speak, *avoir* to have)
intensifier	a word or phrase placed before an adjective to make it stronger or weaker (*très, un peu*)
irregular verb	a verb which does not follow the set rules of the main verb types but has its own pattern (*faire, être*)

noun	a word which names a thing or a person (*stylo, mère*)
plural	referring to more than one person or item (*les chats, nous, trois pommes*)
preposition	a word used to show where someone or something is (*sur, à,* etc.)
pronoun	a word which stands in place of a noun (*elle, tu*)
	A **subject pronoun** tells you who or what does an action.
reflexive verb	a verb which includes a pronoun before the verb (*se coucher*)
regular verb	a verb which follows the rules/pattern of the main verb types (*-er* verbs, *-ir* verbs, *-re* verbs)
relative pronoun	a word which joins two sentences (*qui* – 'who' or 'which')
singular	referring to only one person or item (*un oiseau, tu*)
tense	relating to verbs, showing when the action takes place (e.g. the present tense, the perfect tense)
verb	a word used to say what is being done or what is happening (*acheter, être*)

SECTION 1 Nouns and pronouns

1.1 Gender

A noun is a word which names a thing or a person.

In French, all nouns are masculine or feminine.

Masculine	Feminine
un sandwich	une pizza

For most nouns, you have to learn the gender when you learn the new word. In the dictionary, you will see (m) or (f) after the noun.

As in English, some job nouns change to show the gender of the person doing them.

Il est serv**eur**.	*He is a **waiter**.*
Elle est serv**euse**.	*She is a **waitress**.*

Why does my female teacher say 'je suis professeur'?

Some jobs don't change:
Il est professeur.   *He is a teacher.*
Elle est professeur.   *She is a teacher.*

Choose the correct form of each noun.

1 Il est (serveur/serveuse).
2 Elle est (vendeuse/vendeur).
3 Il est (électricienne/électricien).
4 Elle est (mécanicien/mécanicienne).
5 Elle est (infirmière/infirmier).

6 Il est (technicienne/technicien).
7 Elle est (fermier/fermière).
8 Elle est (chauffeur/chauffeuse).
9 Elle est (programmeur/programmeuse).
10 Il est (plombier/plombière).

1.2 Singular/plural

Most nouns form their plural by adding **-s**.
la montagne – singular → les montagnes – plural

Words ending in **-eau** add **-x**   un château → des châteaux
Words ending in **-al** change to end in **-aux**   un animal → des animaux

1.3 The definite article

The definite article is *the*.

Masculine	Feminine	Plural
le sandwich	**la** pizza	**les** pizzas

Le and **la** become **l'** before a vowel or h, e.g. **l'**omelette.

You use the definite article before nouns when talking about likes and dislikes.
J'aime **les** carottes.   *I like carrots.*

1.4 The indefinite article

The indefinite article is *a* (or *some* in the plural).

Masculine	Feminine	Plural
un village	**une** ville	**des** villages

Why did my French friend write: 'My father is mechanic'?

When you are talking about jobs people do, you do not use the indefinite article.

elle est infirmière   *she is **a** nurse*

Write these in French.

 1 Il est coiffeur.   3   5

2   4

1.5 The partitive article

The partitive article is used when talking about a quantity of something, and means *some*.
Use:

du (before masculine nouns)   **du** coca   *some Coke*
de la (before feminine nouns)   **de la** limonade   *some lemonade*
des (before plural nouns)   **des** chips   *some crisps*
de l' (before nouns which   **de l'**orangina   *some Orangina*
    begin with a vowel or h)

Fill in the correct word(s) for *some*.

1 _____ confiture (f)   5 _____ devoirs   9 _____ respect (m)
2 _____ frites   6 _____ glace (f)   10 _____ huile
3 _____ papier (m)   7 _____ eau
4 _____ chewing-gum (m) 8 _____ crayons

1.6 Subject pronouns

A pronoun stands in place of a noun in a sentence.

je	*I*
tu	*you* (child, young person, someone you know well)
il	*he, it* (masculine noun)
elle	*she, it* (feminine noun)
on	*we, one*
nous	*we*
vous	*you* (more than one person, someone you don't know well, stranger)
ils	*they* (males/mixed group/masculine nouns)
elles	*they* (females/feminine nouns)

1.7 Relative pronouns

Relative pronouns join two sentences. **Qui** is a relative pronoun.
It means *who* or *which*.

J'ai une chambre. **Elle** est petite. → J'ai une chambre **qui** est petite.
*I have a bedroom. **It** is small. → I have a bedroom **which** is small.*

SECTION 2 Adjectives

2.1 Position of adjectives

Most adjectives come **after** the noun they are describing.

une veste **rouge**   *a **red** jacket*

Some short common adjectives come before the noun:

petit   grand   nouveau   bon   joli

a big red book → un **grand** livre **rouge**

> Unjumble the phrases.
> 1 garçon un intelligent
> 2 verte chemise une
> 3 des délicieux chocolats
> 4 village le grand
> 5 page la facile
> 6 pull mon nouveau bleu
> 7 bon blanc vin un
> 8 ma copine française jolie
> 9 la petite élégante femme
> 10 nouveau mon paresseux professeur

2.2 Agreement of adjectives

Adjectives change according to whether the noun being described is masculine
or feminine, singular or plural. This is called agreement.

For feminine, add **-e**	une veste vert**e**
For masculine plural, add **-s**	des pulls noir**s**
For feminine plural, add **-es**	des chaussures bleu**es**

Some adjectives are **irregular**: they follow their own pattern. Other adjectives with the same ending work in the same way.

Singular		Plural		Meaning
Masculine	Feminine	Masculine	Feminine	
blanc	blanche	blancs	blanches	*white*
italien	italienne	italiens	italiennes	*Italian*
mignon	mignonne	mignons	mignonnes	*sweet, cute*
nul	nulle	nuls	nulles	*awful, rubbish*
ennuyeux	ennuyeuse	ennuyeux	ennuyeuses	*boring*
nouveau	nouvelle	nouveaux	nouvelles	*new*
gros	grosse	gros	grosses	*fat*

*Why have I never seen '**cool**' with an -**e** on the end?*

Some adjectives are **invariable**: they never change: **marron, cool, super.**

une veste cool/des baskets cool

Apply the rules you've met to find the feminine form of these adjectives.
1 norvégien →
2 bon →
3 sérieux →
4 londonien →
5 heureux →
6 beau →
7 ambitieux →
8 franc →
9 parisien →
10 paresseux →

Change the adjective if you need to.
1 un pull (noir)
2 une fête (nul)
3 mes (grand) sœurs
4 des (nouveau) cahiers
5 le (joli) parc
6 ma veste (super)
7 les yeux (vert)
8 les cours (ennuyeux)
9 une émission (passionnant)
10 des baskets (marron)

2.3 Possessive adjectives

The words for *my, your,* etc. change according to whether the noun owned or possessed is masculine, feminine or plural:

	Masculine nouns	Feminine nouns	Plural nouns
my	**mon** professeur	**ma** classe	**mes** copains
your (tu)	**ton** professeur	**ta** classe	**tes** copains
his or *her*	**son** professeur	**sa** classe	**ses** copains
our	**notre** professeur/classe		**nos** copains
your (vous)	**votre** professeur/classe		**vos** copains
their	**leur** professeur/classe		**leurs** copains

For singular nouns beginning with a vowel or h, you use **mon**, **ton** or **son**.

Mon amie s'appelle Sophie.   *My friend is called Sophie.*

Write the correct possessive adjective.

1 ____ papa	*our dad*		**6** ____ yeux	*her eyes*
2 ____ parents	*your (**tu**) parents*		**7** ____ yeux	*his eyes*
3 ____ appartements	*our flats*		**8** ____ ville	*your (**vous**) town*
4 ____ village	*their village*		**9** ____ copain	*my friend*
5 ____ copine	*your (**vous**) friend*		**10** ____ animal	*their pet*

There is no 's in French. You show possession by using the pronoun **de**.
Pete's CDs   les CD **de** Pete

2.4 Comparatives and superlatives

Adjectives can be used to compare nouns with each other, e.g. Sally is nice, Tom is **nicer**.

To compare two nouns, use:
plus ... que   *more ... than*
moins ... que   *less ... than*

Tom est **plus** sympa **que** Sally.
Sally est **moins** sympa **que** Tom.
Les films sont **plus** intéressants **que** les émissions de sport.
Cette jupe est **moins** chère **que** la jupe bleue.

Tom is nicer than Sally.
*Sally is **less** nice **than** (not as nice as) Tom.*
*Films are **more** interesting **than** sports programmes.*
*This skirt is **less** expensive **than**/cheaper than the blue skirt.*

Write a sentence comparing the two nouns, using the adjective given.

1 le foot   →   le tennis   (populaire)
   Le foot est plus populaire que le tennis.
2 le lait   →   le coca   (sucré)
3 le Canada   →   le Portugal   (grand)
4 le français   →   l'anglais   (facile)
5 Arnold Schwarzenegger →   Einstein   (intelligent)
6 la Tour de Blackpool →   la Tour Eiffel   (grande)
7 Londres   →   New York   (passionnant)
8 les vacances   →   le collège   (ennuyeuses/ennuyeux)
9 les chiens   →   les tigres   (féroces)
10 l'automne   →   l'hiver   (froid)

The superlative is used when comparing three or more nouns. It means *the biggest, the most interesting*, etc.

For adjectives which come before the noun:
C'est **le plus grand** pays d'Europe.   *It's the **biggest** country in Europe.*
For adjectives which come after the noun:
C'est **la** matière **la plus intéressante.**   *It's the **most interesting** subject.*

> *How do I say that I am 'the best'?*

In English, we say: Bill is **good**, Marc is **better**, Mike is **the best**.

Bon is irregular in French, too.

Bill est **bon**, Marc est **meilleur**, Mike est **le meilleur**.

Put each of these sentences in the correct order, then translate them into English.

1 pays c'est plus petit le
2 la ennuyeuse la c'est matière plus
3 c'est le le démodé pull plus
4 plus c'est le garçon joli
5 moderne maison c'est la la plus

6 amusante la c'est l' plus émission
7 populaire plus le film le c'est
8 portable le le cool plus c'est
9 sportive fille c'est la plus la
10 meilleur c'est livre le

2.5 Demonstrative adjectives

There are different words for *this/these*:

ce (before masculine nouns)	**ce** village	*this village*
cette (before feminine nouns)	**cette** ville	*this town*
ces (before plural nouns)	**ces** montagnes	*these mountains*

Before masculine singular nouns beginning with a vowel or h, use **cet**

cet appartement   *this flat*

Fill in the right word for *this* or *these*.

1 _____ pull (m)
2 _____ veste (f)
3 _____ chaussures
4 _____ anorak (m)
5 _____ règle (f)

6 _____ insectes
7 _____ hôpital (m)
8 _____ livre (m)
9 _____ amie (f)
10 _____ copains

SECTION 3 Verbs

3.1 The infinitive

When you look up a verb in the dictionary, you find its original, unchanged form, which is called the **infinitive**, e.g. **habiter** (*to live*), **avoir** (*to have*), etc.
Most infinitives end in **-er**, **-ir** or **-re**.

3.2 The present tense

The present tense is used:
• to describe what is happening **now**   *I am reading this book.*
• to describe what **usually** happens   *I read a book every day.*

There is only one present tense in French:
je mange   *I eat or I am eating*

3.3 The present tense of regular verbs

To use a verb in the present tense, you must change the infinitive according to a set of rules. You need to learn these rules by heart.

There are three types of regular verbs: **-er** verbs, **-ir** verbs and **-re** verbs.
-er verbs are the most common type.

trouver (*to find*)	finir (*to finish*)	attendre (*to wait*)
je trouve	**je** finis	**j'**attends
tu trouves	**tu** finis	**tu** attends
il/elle/on trouve	**il/elle/on** finit	**il/elle/on** attend
nous trouv**ons**	**nous** finis**sons**	**nous** attend**ons**
vous trouv**ez**	**vous** finis**sez**	**vous** attend**ez**
ils/elles trouv**ent**	**ils/elles** finis**sent**	**ils/elles** attend**ent**

Write the correct form of these verbs.

1 nous (finir)
2 je (trouver)
3 ils (attendre)
4 tu (travailler)
5 il (saisir)

6 elle (descendre)
7 on (aimer)
8 nous (rougir)
9 vous (regarder)
10 tu (entendre)

3.4 The present tense of irregular verbs

Some verbs follow their own pattern. They are called **irregular verbs**.

How can I remember these irregular verbs?

You need to learn them by heart. Look at the verb tables on pages 145–146. You will be able to spot some similarities between the different verbs.

Using the verb tables, translate these into French.

1 I drink
2 you (*tu*) come
3 he goes

4 she reads
5 we make
6 you (*vous*) see

7 they have
8 he leaves

9 we want
10 they are

3.5 The present tense of reflexive verbs

Reflexive verbs are verbs which include an extra pronoun (before the verb). The infinitive of a reflexive verb has the pronoun **se**.

se coucher (*to go to bed*)
je **me** couche
tu **te** couches
il/elle/on **se** couche

nous **nous** couchons
vous **vous** couchez
ils/elles **se** couchent

3.6 The imperative

The imperative is the verb form you use when you are telling someone to do something.

Instructions in Expo 2 use the imperative:
Copie et **complète.**   *Copy and complete.*

Your teacher uses the imperative when asking the class to do something:
Écoutez!   *listen!*
Regardez!   *look!*

When talking to someone you call **tu**, the imperative is the **tu** form of the verb.
lis   *read*
With **-er** verbs, the final **-s** is dropped
copie   *copy*

When using **vous**, the imperative is the **vous** form of the verb
copiez   *copy*

3.7 Negatives

To make a sentence negative, that is to say what you **don't** do or what **isn't** happening, put **ne … pas** around the verb.

Je **ne** vais **pas** à Paris.   *I am **not** going to Paris.*

Ne shortens to **n'** before a vowel or h

Elle **n'**aime **pas** le prof.   *She doesn't like the teacher.*

What about when there is more than one verb in the sentence?

For example, with modal verbs, the **ne … pas** forms a sandwich around the modal verb.
Je **ne** veux **pas** aller à Paris.   *I don't want to go to Paris.*

Make these sentences negative by putting **ne … pas** in the right place, then translate each negative sentence into English.

1 Je veux aller au théâtre.
2 Je peux acheter la veste.
3 Je dois aller voir Christophe.
4 Nous devons toucher aux cadeaux de Noël.
5 Elle veut faire ses devoirs.
6 Il peut venir lundi.
7 On veut manger au collège.
8 Elles veulent visiter le musée.
9 On peut jouer avec Luc.
10 Tu dois aider dans la cuisine.

Other negatives work in the same way. They form a sandwich around the verb.
ne … jamais *never*
ne … rien   *nothing*

Je **ne** regarde **jamais** 'EastEnders'.   *I never watch EastEnders.*
Je **ne** mange **rien.**   *I eat nothing* or *I'm not eating anything.*

Write these sentences in French.
1 I never watch Neighbours.
2 I'm not doing anything.
3 I never go to France.
4 I don't want anything.
5 I never play football.

In the perfect tense, the negative forms a sandwich around the auxiliary verb (i.e. the part of **avoir** or **être**)

Je **n'**ai **pas** vu le film.   *I didn't see the film.*
Elle **n'**est **pas** allée à Paris. *She didn't go to Paris.*

Make these sentences negative by putting **ne ... pas** in the correct place. Then translate each negative sentence into English.

1 Je suis allé à la fête.
2 J'ai visité la Tapisserie de Bayeux.
3 J'ai vu le match hier.
4 J'ai fait mes devoirs.
5 Je suis resté à la maison.
6 Elle est allée en Angleterre.
7 Olivier a mangé de la pizza.
8 On est arrivés à l'heure.
9 Il a fait très froid.
10 On a acheté des fleurs.

3.8 Question forms

Questions without question words

The easiest way to ask questions is to say a sentence but make your voice go up at the end (i.e. using rising intonation).

C'est vrai?   *Is it true?*

Est-ce que at the start of a sentence also makes it into a question:
Est-ce que tu viens?   *Are you coming?*

With a partner, take turns to change each sentence into a question by using rising intonation and putting **est-ce que** in front when you read it out.

1 Tu aimes écrire des paragraphes.
2 Elle est absente.
3 Tu écoutes attentivement.
4 On part à 10 heures.
5 On a des devoirs.
6 Je peux aller aux toilettes.
7 Tu manges un sandwich.
8 Vous pouvez m'aider.
9 Bernard travaille avec toi.
10 Je peux avoir un stylo.

Another way of asking questions involves **inversion**. This means that the order of the subject and the verb is changed around.

Est-elle absente?   *Is she absent?*

An extra pronoun is added if a noun is used

La maison, est-elle grande?   *Is the house big?*

Why have I sometimes seen an extra 't' in a question?

An extra **t** is added in-between two vowels to help with pronunciation.

Thierry Henry, joue-t-il pour Liverpool?
Does Thierry Henry play for Liverpool?

Find the five pairs of questions which mean the same.

1 Aimes-tu le skate?
2 Est-ce qu'il aime le skate?
3 Fait-il du skate?
4 Fais-tu du skate?
5 Aime-t-il le skate?

6 Est-ce qu'elle aime le skate?
7 Est-ce que tu fais du skate?
8 Tu aimes le skate?
9 Est-ce qu'il fait du skate?
10 Aime-t-elle le skate?

Questions using question words

If the question contains a question word, the question word is usually at the start of the sentence and is followed by **est-ce que**.

Où est-ce que tu vas?   *Where are you going?*

Sometimes, inversion is used:

Où passes-tu les vacances? *Where do you spend your holidays?*

Use any of the above methods to write these questions in French.

1 Where do you live?
2 Why do you like maths?
3 When are you arriving?
4 What are you wearing?
5 How many sisters do you have?

6 How do you make pizza?
7 Where do you buy your clothes?
8 When do you have breakfast?
9 Why are you phoning your mum?
10 What do you see?

Asking questions in the perfect tense

The rules above also apply to questions in the perfect tense

Tu as fini?   *Have you finished?*
Est-ce qu'il a vu le film?   *Has he seen the film?*

When inversion is used, the subject pronoun and the auxiliary verb (the part of **avoir** or **être**) are inverted.

As-tu fini?   *Have you finished?*
Pourquoi a-t-elle manqué le match?
Why did she miss the match?

Write these questions in French.
1 Have you seen the film?
2 Has she finished?
3 Why did she make a cake?
4 When did you go to the cinema?
5 How did he lose his mobile phone?

Quel/quelle

Quel/quelle means *which* or *what*.

I thought 'qu'est-ce que' meant 'what'!

Quel is used when the word *what* refers to a noun, not a verb.

Quelle est la date?   *What is the date?*

Quel agrees with the noun it refers to:

	Masculine	Feminine
Singular	**quel** livre?	**quelle** page?
Plural	**quels** livres?	**quelles** pages?

3.9 Verbs with the infinitive

If there are two different verbs in a row in a sentence, the second verb is an infinitive.

J'adore **apprendre** le français.   *I love learning French.*
Elle déteste **ranger** sa chambre.   *She hates tidying her bedroom.*

Three key modal verbs are followed by the infinitive:

devoir	*to have to*	Il doit rester à la maison.	*He must stay at home.*
pouvoir	*to be able to*	Je peux aller au cinéma.	*I can go to the cinema.*
vouloir	*to want to*	Je veux être riche.	*I want to be rich.*

Put these sentences into an order that makes sense, and underline the infinitive in each one. Then translate each sentence into English.

1 je moi rester veux chez
2 dois je à 20 partir heures
3 peux à est je parler Luc que -ce ?
4 Londres veux je ne pas à aller
5 je mes ne oublier devoirs pas dois

6 cathédrale est on qu' visiter la ? -ce peut
7 venir veut Sophie ne pas fête à la
8 français parler ils peuvent
9 nous pour acheter cadeau un Ahmed devons
10 ce que est -ce tu téléphoner dois ? soir

What about 'je voudrais'?

Je voudrais means *I would like.*
It is the conditional tense of the verb **vouloir**, therefore it is followed by the infinitive.

Je voudrais aller aux toilettes.
I would like to go to the toilet.

3.10 The near future tense

You can talk about the future by using the near future tense (**le futur proche**).

Use part of the verb **aller** followed by the infinitive to say what you are **going** to do.

Ce soir, je **vais regarder** la télé.   *Tonight I am going to watch TV.*
Demain, il **va faire** chaud.   *Tomorrow it's going to be hot.*

Write each verb in the near future tense, then make a sensible sentence with each.

1 tu (regarder) *Tu vas regarder un match de rugby.*
2 il (acheter)

3 on (être)
4 elle (finir)
5 je (écouter)
6 Loïc (faire)

7 vous (visiter)
8 ma mère (prendre)
9 nous (porter)
10 Anne et Louise (boire)

3.11 The perfect tense

The perfect tense (**le passé composé**) is used to talk about the past.

j'ai joué   *I played or I have played*

The perfect tense has two parts:
1 part of the verb **avoir** (or **être**)
2 the past participle

To form the past participle of regular verbs:
for **-er** verbs, take off **-er** and add **-é**   j'ai regardé   *I watched*
for **-ir** verbs, take off **-ir** and add **-i**   j'ai fini   *I finished*
for **-re** verbs, take off **-re** and add **-u**   j'ai attendu   *I waited*

Write each verb in the perfect tense. For each one, you need part of **avoir** and the correct past participle.

1 je (finir) *j'ai fini*
2 je (aimer)
3 je (vendre)
4 je (continuer)
5 je (saisir)
6 ils (examiner)
7 nous (décider)
8 tu (entendre)
9 on (rougir)
10 Pierre et Suzanne (attendre)

Past participles of irregular verbs
These need to be learned by heart:

For each sentence, choose a suitable perfect tense verb from the list of irregulars.

1 J'____ un coca.
2 Nous ____ une décision importante.
3 Danielle ____ du skate.
4 Elles ____ le film.
5 Tu ____ la vérité?
6 Vous ____ le journal?
7 On ____ jusqu'à 9 heures.
8 David et Pierre ____ une erreur.
9 Il ____ le train.
10 Tu ____ mes lunettes?

Infinitive	Meaning	Past participle
faire	*to do*	fait
boire	*to drink*	bu
lire	*to read*	lu
voir	*to see*	vu
prendre	*to take*	pris
dire	*to say*	dit

Infinitive	Meaning	Past participle
aller	*to go*	allé(e)(s)
venir	*to come*	venu(e)(s)
arriver	*to arrive*	arrivé(e)(s)
partir	*to leave*	parti(e)(s)
entrer	*to enter*	entré(e)(s)
sortir	*to go out*	sorti(e)(s)
monter	*to go up*	monté(e)(s)
descendre	*to come down*	descendu(e)(s)
naître	*to be born*	né(e)(s)
mourir	*to die*	mort(e)(s)
rester	*to stay*	resté(e)(s)
tomber	*to fall*	tombé(e)(s)
retourner	*to return*	retourné(e)(s)

The perfect tense with être
13 verbs – mainly verbs of movement – form their perfect tense with **être**, not **avoir**.

je suis allé   *I have gone, I went*
il est resté   *he has stayed, he stayed*

There are five pairs of opposites, and three others.

With these verbs, the past participle agrees with the subject of the sentence:

add **-e** for feminine	elle est all**ée**	*she went*
add **-s** for masculine plural	nous sommes all**és**	*we went*
add **-es** for feminine plural	elles sont all**ées**	*they went*

Write these verb forms in French.

1 I went out
2 I arrived
3 I stayed
4 I went
5 I went up

6 he died
7 Mélanie left
8 we went
9 they fell
10 you (*tu*) returned

3.12 *C'était* and *il y avait*

You can use these key phrases when describing things in the past:

c'était	*it was*
il y avait	*there was/were*

SECTION 4 Structural features

Structural features are words or sets of words which occur in sentences and texts.

4.1 Prepositions

Prepositions are words which tell us **where** someone or something is.

avec	*with*
dans	*in*
devant	*in front of*
derrière	*behind*
sur	*on*
sous	*under*
à	*at, to* or *in* (with name of town)
en	*to* or *in* (with name of feminine country)
de	*of*

In/at/to places

When you want to say *in* or *to* with the name of a town or country:

Use **à** (before the name of a town)   Elle habite **à** Paris.
en (before the name of feminine countries)   Il va **en** France.
au (before the name of masculine countries)   J'habite **au** Pays de Galles.
aux (before the name of plural countries)   On va **aux** États-Unis.

Fill in the gaps with the correct word for **in** or **to**.
J'habite _____ Ipswich _____ Angleterre mais en juin je vais aller _____ Grèce. Après, je vais aller _____ Portugal car ma tante habite _____ Lisbonne. Après, je voudrais aller _____ Berlin ou _____ Vienne, mais je crois que je vais retourner _____ Grande-Bretagne. Je suis allé _____ New York _____ États-Unis l'année dernière et c'était très cher.

de

Some prepositions are followed by **de**

à côté de — *next to*
près de — *near*
en face de — *opposite*

If **de** comes before **le**, they join up to become **du**
à côté **du** cinéma — *next to the cinema*

If **de** comes before **la**, they don't join up
en face **de la** piscine — *opposite the swimming pool*

If **de** comes before **les**, they join up to become **des**
près **des** toilettes — *near the toilets*

> Write these phrases in French.
> 1 next to the toilets
> 2 opposite the cinema
> 3 near the station
> 4 opposite the café
> 5 next to the bank
> 6 opposite the shops
> 7 near the stadium
> 8 opposite the museum
> 9 near the shopping centre
> 10 next to the hospital

After expressions of quantity, you always use **de**:
un kilo **de** pommes — *a kilo of apples*
beaucoup **de** devoirs — *lots of homework*

à

à means *to* or *at*.
If **à** comes before **le** in a sentence, they join up to become **au**:
Je suis **au** cinéma. — *I am at the cinema.*

If **à** comes before **la**, they don't join up
Je suis **à la** piscine. — *I am at the swimming pool.*

If **à** comes before **les**, they join up to become **aux**:
Il va **aux** toilettes. — *He goes to the toilet.*

4.2 Question words

The main question words are:

où?	*where?*	combien de?	*how many?*
qui?	*who?*	à quelle heure?	*at what time?*
quand?	*when?*	comment?	*how?*
qu'est-ce que?	*what?*	quel(le) (+ noun)?	*what?*
pourquoi?	*why?*		

4.3 Intensifiers

Intensifiers are words placed before adjectives to make them stronger or weaker.

très	*very*	beaucoup	*a lot*	vraiment	*really*
assez	*quite*	trop	*too*	pas vraiment	*not really*
un peu	*a little bit*	pas trop	*not too much*	pas tellement	*not really*

Le français est **très** intéressant.   *French is **very** interesting.*
C'est **trop** cher.   *It's **too** expensive.*

4.4 Connectives

Connectives are used to join up phrases and sentences.

et	*and*	car	*because*	si	*if*
mais	*but*	puis	*then*	ou	*or*
parce que	*because*	quand	*when*	donc	*therefore*

Use these two phrases and a connective from the list above to make the sentences shown.

- je vais au cinéma
- il pleut
1 If it rains, I'm going to the cinema.
2 It's raining but I'm going to the cinema.
3 I'm going to the cinema because it's raining.
4 It's raining and I'm going to the cinema.
5 I go to the cinema when it rains.

Other connectives are used to make your French more flowing and cohesive:

aussi	*also*	en ce moment	*at the moment*
bien sûr	*of course*	normalement	*normally, usually*
en fait	*in fact, actually*	quelquefois	*sometimes*
en plus	*moreover*	régulièrement	*regularly*
heureusement	*fortunately*	tous les jours	*every day*
malheureusement	*unfortunately*	après	*afterwards*
peut-être	*perhaps*	avant	*beforehand*
pourtant	*however*	enfin	*finally*
comme d'habitude	*as usual*	ensuite	*then*
d'habitude	*usually*	tout d'abord	*first of all*
de temps en temps	*from time to time*	tout de suite	*immediately*

Make this paragraph more flowing and cohesive by inserting at least five connectives.

Je vais en France tous les ans avec le collège. Hier on est allés à Boulogne. Ma copine a vomi en route. La visite était chouette. J'ai acheté des souvenirs. On a visité le marché. On a visité un musée. Je voudrais y retourner l'année prochaine.

4.5 *depuis*

The word **depuis** is used to say how long something has been happening. It is used with the present tense.

J'**habite** ici **depuis** cinq ans.   *I **have lived** here **for** five years.*
Elle **est** absente **depuis** trois mois.   *She **has been** absent **for** three months.*

Use the information in brackets to answer the question, using **depuis**. Underline **depuis** and the verb in your answer, then translate your answer into English.

1 Depuis quand est-ce que tu habites ici? (5 ans)   *J'habite ici depuis 5 ans.*
2 Depuis quand est-ce que tu joues du piano? (4 ans)
3 Depuis quand est-ce que tu regardes 'Neighbours'? (2 ans)
4 Depuis quand est-ce que tu aimes ce groupe? (6 mois)
5 Depuis quand est-ce que tu travailles ici? (4 semaines)

4.6 *il faut*

Il faut means *it is neccessary to, you must*. It is followed by the infinitive.
Il faut **écouter** le professeur.   *You must listen to the teacher.*

> Choose the infinitive form of the verb to complete each sentence.
> **1** Il faut (est/être/sont) calme.
> **2** Il faut (écoutez/écouter/écoute) le professeur.
> **3** Il faut (finit/finissent/finir) ses devoirs.
> **4** Il faut (avoir/a/eu) un stylo rouge.
> **5** Il faut (lisez/lis/lire) les instructions.

4.7 *avoir besoin de*

Avoir besoin de means *to need*. It can be followed by a noun
J'ai besoin d'un stylo.   *I need a pen.*

or by a verb in the infinitive
As-tu besoin d'acheter du lait?   *Do you need to buy some milk?*

> Translate these sentences into French.
> **1** I need a pencil.
> **2** Do you need the books?
> **3** She needs the cassettes.
> **4** We need to wait.
> **5** I don't need to book.

4.8 Time expressions

Certain time expressions are usually used with certain tenses.

Past	Present	Future
l'an dernier *last year*	normalement *normally*	l'été prochain *next summer*
l'année dernière *last year*	généralement *generally*	l'année prochaine *next year*
samedi dernier *last Saturday*	d'habitude *usually*	
	de temps en temps *from time to time*	
	des fois *sometimes*	

What about 'cet été'?

Cet été means *this summer*. The tense used depends on whether the summer has already been.
Cet été, je suis allé en France.
I went to France this summer.
Cet été, je vais aller en Allemagne.
I am going to go to Germany this summer.

Translate these sentences into English and decide if each one makes sense or not. Correct the nonsensical ones.

1 Lundi dernier, je regarde une bonne émission.
2 Normalement, je me lève à huit heures.
3 L'année dernière, on va faire du ski.
4 L'année prochaine, je suis allé en Italie.
5 D'habitude, je fais mes devoirs dans ma chambre.

SECTION 5 Extras

5.1 The alphabet

Here is a rough guide to how the letters of the alphabet sound in French.

A	AH	H	ASH	O	OH	V	VAY
B	BAY	I	EE	P	PAY	W	DOOBL-VAY
C	SAY	J	DJEE	Q	COO	X	EEX
D	DAY	K	KAH	R	ERR	Y	EE-GREK
E	EUH	L	ELL	S	ESS	Z	ZED
F	EFF	M	EM	T	TAY		
G	DJAY	N	EN	U	OO		

5.2 Accents

It is very important to remember accents when you are writing in French. Accents are written above vowels.

é	an **acute accent** (un **accent aigu**)	Acute accents only occur on the letter **e**.
è	a **grave accent** (un **accent grave**)	Grave accents can occur on the letters **a**, **e** or **u**.
ê	a **circumflex** (un **accent circonflexe**)	You can find a circumflex on **a**, **e**, **i**, **o** or **u**.
ç	a **cedilla** (une **cédille**)	Cedillas only occur on the letter **c**.

5.3 Numbers

1 un	10 dix	19 dix-neuf	71 soixante et onze
2 deux	11 onze	20 vingt	72 soixante-douze
3 trois	12 douze	21 vingt et un	80 quatre-vingts
4 quatre	13 treize	22 vingt-deux	81 quatre-vingt-un
5 cinq	14 quatorze	30 trente	82 quatre-vingt-deux
6 six	15 quinze	40 quarante	90 quatre-vingt-dix
7 sept	16 seize	50 cinquante	91 quatre-vingt-onze
8 huit	17 dix-sept	60 soixante	92 quatre-vingt-douze
9 neuf	18 dix-huit	70 soixante-dix	100 cent

Grammaire

5.4 Days

In French days of the week and months do not begin with a capital letter.

lundi	*Monday*	vendredi	*Friday*
mardi	*Tuesday*	samedi	*Saturday*
mercredi	*Wednesday*	dimanche	*Sunday*
jeudi	*Thursday*		

lundi	**on** *Monday*
le lundi/tous les lundis	*every Monday, on Mondays*
lundi matin/après-midi/soir	*on Monday morning/afternoon/evening*

5.5 Dates

janvier	*January*	mai	*May*	septembre	*September*
février	*February*	juin	*June*	octobre	*October*
mars	*March*	juillet	*July*	novembre	*November*
avril	*April*	août	*August*	décembre	*December*

le 12 février	*on the 12th of February*
On va en France le 3 août.	*We are going to France on the 3rd of August.*
le premier mai	*the 1st of May*

5.6 Times

sept heures	*seven o'clock*	sept heures quarante-cinq	*seven forty-five*
sept heures dix	*ten past seven*	huit heures moins le quart	*quarter to eight*
sept heures et quart	*quarter past seven*	midi/minuit	*12 midday/midnight*
sept heures et demie	*half past seven*		

The 24-hour clock is used much more frequently in French than it is in English:

neuf heures vingt	*9.20 a.m.*
quinze heures quinze	*3.15 p.m.*
vingt heures quarante-cinq	*8.45 p.m.*

Quelle heure est-il?	*What time is it?*
Il est neuf heures.	*It is nine o'clock.*
à dix heures	*at ten o'clock*

VERB TABLES

Regular verbs

infinitive	present tense		perfect tense
-er verbs			
jouer – *to play*	je joue	nous jouons	j'ai joué
	tu joues	vous jouez	
	il/elle/on joue	ils/elles jouent	
-ir verbs			
finir – *to finish*	je finis	nous finissons	j'ai fini
	tu finis	vous finissez	
	il/elle/on finit	ils/elles finissent	
-re verbs			
attendre – *to wait for*	j'attends	nous attendons	j'ai attendu
	tu attends	vous attendez	
	il/elle/on attend	ils/elles attendent	

Reflexive verbs

se lever – *to get up*	je me lève	nous nous levons	je me suis levé(e)
	tu te lèves	vous vous levez	
	il/elle/on se lève	ils/elles se lèvent	

Key irregular verbs

aller – *to go*	je vais	nous allons	je suis allé(e)
	tu vas	vous allez	
	il/elle/on va	ils/elles vont	
avoir – *to have*	j'ai	nous avons	j'ai eu
	tu as	vous avez	
	il/elle/on a	ils/elles ont	
être – *to be*	je suis	nous sommes	j'ai été
	tu es	vous êtes	
	il/elle/on est	ils/elles sont	
faire – *to do/to make*	je fais	nous faisons	j'ai fait
	tu fais	vous faites	
	il/elle/on fait	ils/elles font	

Other irregular verbs

boire – *to drink*	je bois tu bois il/elle/on boit	nous buvons vous buvez ils/elles boivent	j'ai bu
devoir – *to have to*	je dois tu dois il/elle/on doit	nous devons vous devez ils/elles doivent	j'ai dû
dire – *to say*	je dis tu dis il/elle/on dit	nous disons vous dites ils/elles disent	j'ai dit
écrire – *to write*	j'écris tu écris il/elle/on écrit	nous écrivons vous écrivez ils/elles écrivent	j'ai écrit
lire – *to read*	je lis tu lis il/elle/on lit	nous lisons vous lisez ils/elles lisent	j'ai lu
partir – *to leave*	je pars tu pars il/elle/on part	nous partons vous partez ils/elles partent	je suis parti(e)
pouvoir – *to be able*	je peux tu peux il/elle/on peut	nous pouvons vous pouvez ils/elles peuvent	j'ai pu
prendre – *to take*	je prends tu prends il/elle/on prend	nous prenons vous prenez ils/elles prennent	j'ai pris
sortir – *to go/come out*	je sors tu sors il/elle/on sort	nous sortons vous sortez ils/elles sortent	je suis sorti(e)
venir – *to come*	je viens tu viens il/elle/on vient	nous venons vous venez ils/elles viennent	je suis venu(e)
voir – *to see*	je vois tu vois il/elle/on voit	nous voyons vous voyez ils/elles voient	j'ai vu
vouloir – *to wish/want*	je veux tu veux il/elle/on veut	nous voulons vous voulez ils/elles veulent	j'ai voulu

Vocabulaire *français – anglais*

A

	French	English
l'	accès (m)	access
d'	accord	OK
	acheter	to buy
un	acteur	an actor
une	actrice	an actress
mes	affaires (f pl)	my things
	affreux(-euse)	terrible/awful
un	agenda	a diary
	agité(e)	rough
	agréable	pleasant/nice
un	agriculteur	a farm worker (m)
une	agricultrice	a farm worker (f)
	aider	to help
	aimer qch	to like sthg
à	l'aise	relaxed/comfortable
un	album de BD	a cartoon book
l'	alcool (m)	alcohol
	alcoolisé(e)	alcoholic
je suis	allé(e)	I went
	allumer la télé	to switch on the TV
	amusant(e)	amusing
s'	amuser	to enjoy oneself
un	ananas	a pineapple
	ancien(ne)	old
l'	anglais	English
les	animaux	animals
	animé(e)	lively
les	années (cinquante/soixante)	the fifties/sixties
l'	anniversaire (m)	birthday
une	annonce	a small ad
un	appareil domestique	a domestic appliance
l'	appareil photo numérique (m)	digital camera
un	appartement	a flat/an apartment
s'	appeler	to be called
	apporter	to bring
	après	afterwards
	après-demain	the day after tomorrow
une	araignée	a spider
l'	argent (m)	money
l'	armée (f)	army
l'	armoire (f)	wardrobe
il n'y a pas assez de …		there isn't/aren't enough …
une	assiette	a plate
l'	assiette de fromages (f)	cheese board
un(e)	assistant(e) sociale	a social worker
	attaquer	to attack
	attendez	wait
	attendre	to wait (for)
	attendre avec impatience	to look forward to
en	avance	early/ahead of schedule
	avant	before
	avant tout	above all
à mon	avis	in my opinion

B

le	baby-foot	table football
se	baigner	to go for a swim
le	baladeur mp3	MP3 player
une	banane	a banana
la	barrière de corail (f)	coral reef
	bas (basse)	low
jouer au	basket	to play basketball
des	baskets (f pl)	trainers
une	bataille	a battle
un	bateau à fond de verre	a glass-bottomed boat
la	batterie	the drums
	beau	handsome/good-looking
mon	beau-père	my stepfather
	beaucoup de	a lot of
ma	belle-mère	my stepmother
	bête	stupid
le	beurre	butter
	bien sûr	of course
un	billet	a ticket
un	billet (de dix euros)	a (ten-euro) note
	bizarre	strange
une	blague	a joke
	bleu marine	navy blue
un	blouson	a jacket
	boire	to drink
aller en	boîte	to go to a nightclub
une	boîte de …	a tin of …
C'est	bon pour …	It's good for …
les	bonbons	sweets
au	bord de la mer	at the seaside
une	boucherie	a butcher's (shop)
une	bougie	a candle
une	boulangerie	a baker's (shop)
une	boule de neige	a snowball
le	boulot	job
une	bouteille de …	a bottle of …
la	boxe	boxing
	brillant(e)	brilliant
	bronzer	to tan
le	bruit	noise
	brûlé(e)	burnt
un	bureau	an office

C

un	cadeau	a present/gift
du	café	coffee
un	cahier	an exercise book
la	caisse	cash desk
une	calculette	a pocket calculator
le	caméscope	video camera/camcorder
à la	campagne	in the countryside
le	canapé	settee/sofa
des	cannettes de … (f pl)	cans of …
	capturé(e)	captured
	car	as/because
le	car	coach
des	carottes (f pl)	carrots
une	carte (de la région)	a map (of the region)
une	carte d'identité	an identity card
une	cascade	a waterfall
	cassé(e)	broken
j'ai	cassé …	I broke …
	casser	to break
un	cauchemar	a nightmare
	ce (m)	this/that
	célèbre	famous

un centre commercial	a shopping centre
le centre de loisirs/vacances	leisure/holiday centre
le centre de sport/centre sportif	sports centre
des céréales (f pl)	cereals
ces (pl)	these/those
cette (f)	this/that
une chaîne	a channel
une chaîne hi-fi	a hi-fi system
une chambre	a bedroom
des champignons (m pl)	mushrooms
avoir de la chance	to be lucky
le chanteur (de rock)	(rock) singer
chaque	each/every
un chat	a cat
des chaussettes (f pl)	socks
des chaussures (f pl)	shoes
une chemise	a shirt
cher (chère)	expensive
chercher qn (à l'aéroport)	to pick sb up (at the airport)
un cheval (pl chevaux)	a horse
un chien	a dog
la chimie	chemistry
un paquet de chips	a bag of crisps
du chocolat chaud	hot chocolate
les chocolats (m pl)	chocolates
j'ai choisi …	I chose …
choisir	to choose
un choix	a choice
être au chômage	to be unemployed
Chouette!	Great!
la circulation	traffic
le citron	lemon
un classeur	a file
le clavier électronique	electronic keyboard
la clef	key
un(e) client(e)	a customer/a client
le climat	climate
un coin-cuisine	a cooking area
collectionner	to collect
le collège	school
commémorer	to commemorate
Combien?	How many?/How much?
C'est combien?	How much is it?
Comment?	How?
complet(-ète)	full
compliqué(e)	complicated
un concours	a competition
la confiture	jam
confondre	to confuse/to mix up
connu(e)	well-known
les copains (m pl)	friends
ma copine	my girlfriend
un(e) correspondant(e)	a correspondent
la Corse	Corsica
se coucher	to go to bed
la Coupe du Monde	the World Cup
couper	to cut
courrier du cœur	problem page
un cours (de tennis)	a (tennis) lesson
faire des courses (f pl)	to do the shopping

des crêpes (f pl)	pancakes
des crudités (f pl)	mixed raw vegetables
en cuir	leather
faire de la cuisine	to do the cooking
la cuisine	kitchen
les cuisses de grenouilles (f pl)	frogs' legs
cultiver (les légumes/les fruits)	to grow (vegetables/fruit)

D

un (café) décaf	a decaffeinated coffee
décontracté(e)	relaxed
découvrir	to discover
défendre	to defend
dégoûtant(e)	disgusting
déjà	already
le déjeuner	lunch
C'est délicieux.	It's delicious.
demain	tomorrow
demander	to ask
mon demi-frère	my stepbrother
ma demi-sœur	my stepsister
démodé(e)	old-fashioned
Ça dépend.	It depends.
depuis (5 ans)	for (5 years)
dernier(-ère)	last
désastreux(-euse)	disastrous
désolé(e)	sorry
le dessin	drawing
du dessus	upstairs
détester	to hate
devenir	to become
devoir	to have to
difficile	difficult
divorcé(e)	divorced
je dois …	I must …
le domaine de …	the field of …
domicile	place of residence
donc	so
donner sur	to look out on/to have a view of
j'ai dormi	I slept
dormir	to sleep
doublé(e) (en français/anglais)	dubbed (into French/English)
la douche	shower
doux (douce)	mild
un drapeau	a flag
à droite	on the right
C'est dur.	It's hard.
durer	to last

E

faire des économies	to save up
économiser	to save up
écouter	to listen to
un écran	screen
un écrivain	a writer
Ça m'est égal.	I don't mind.
l'égalité (f)	equality
l'église (f)	church
élégant(e)	elegant

un(e) élève	a pupil/student
embêtant(e)	annoying
une émission	a (TV) programme
les enfants	children
ennuyeux(-euse)	boring
enseigner	to teach
ensemble	together
ensuite	then
s' entendre bien (avec)	to get on well (with)
s' entraîner	to train
entrer en collision avec	to collide with
Je n'ai	
pas envie.	I don't want to.
environ	about/roughly
épicé(e)	spicy
des épinards (m pl)	spinach
l' équipe (f)	team
équipé(e) de	equipped with
faire	
de l' équitation	to go horse riding
une erreur	a mistake
les escargots (m pl)	snails
des espèces de ...	sorts of .../species of ...
j'ai essayé	I tried
essayer	to try
et	and
établir	to establish
l' étage (m)	floor/storey
l' étagère (f)	shelf
les États-Unis (m pl)	United States
l' été (m)	summer
s' étendre sur	to stretch for
à l' étranger	abroad
par exemple	for example

F

fabriquer	to make/manufacture
facile	easy
faire face	to face
faire tomber	to knock over
la farine	flour
le fast-food	fast-food restaurant
fatigant(e)	tiring
il faut ...	you must .../it is necessary to ...
ma femme	my wife
une ferme	a farm
une fête	a party
j'ai fêté	I celebrated
fêter	to celebrate
un feu d'artifice	a firework display
un film comique	a comedy film
finalement	at last/finally
j'ai fini	I finished
finir	to finish
des flamants (m pl)	flamingos
les flancs (m pl)	slopes
des fleurs (f pl)	flowers
des fois	sometimes
une fois	once
un fondateur	a founder
le foot	football
une fôret	a forest
fort(e)	good/strong
des fraises (f pl)	strawberries
franchement	honestly

frapper	to knock
la fraternité	fraternity
mon frère	my brother
les frites (f pl)	chips
le fromage	cheese
les fruits (m pl)	fruit
les fruits de mer (m pl)	seafood

G

gâcher	to spoil
gagner	1) to win 2) to earn
garder	to keep
les garnitures (f pl)	fillings
le gâteau	cake
à gauche	on the left
gelé(e)	frozen
en général	in general
génial(e)	fantastic
ce genre de ...	this type/sort of ...
les gens (m pl)	people
la géographie	geography
la glace	ice-cream
gourmand(e)	greedy; fond of one's food
grand(e)	big/large
la Grande-Bretagne	Great Britain
les grandes vacances	summer holidays
Gros bisous	Lots of Love
Grosses bises	Lots of Love
la guerre (mondiale)	(world) war
le guide des émissions	programme guide
guillotiné(e)	killed by the guillotine
le gymnase	gymnasium

H

habiter	to live
d' habitude	usually
les haricots (m pl)	beans
un haut	a top
l' héroïne (f)	heroine
un héros	a hero
À quelle heure?	What time?
heureusement	fortunately
hier	yesterday
l' histoire (f)	history
le hockey sur glace	ice hockey
un homme politique	a politician (male)
les horaires (m pl)	timetable(s)/times
l' humeur	mood

I

idiot(e)	stupid
des immeubles (m pl)	apartment blocks
l' imprimante (f)	printer
incroyable	amazing/incredible
un(e) informaticien(ne)	a computer scientist
l' informatique (f)	IT (information technology)
insupportable	unbearable
interviewer	to interview
islamique	Islamic

J

jamais	never
le jambon	ham
le jardin public	park
en jean	denim
un jean	a pair of jeans

un jet d'eau	a fountain
un jeu télévisé	a quiz show
un jeu (vidéo/de console etc)	a (video/console etc) game
jeune	young
un jogging	a pair of jogging pants
joli(e)	pretty
jouer dans …	to act in …
jouer au football/tennis etc	to play football/tennis etc
jouer de la guitare/du piano	to play the guitar/piano
un joueur	a player
le jour de l'an	New Year's Day
le jour de Noël	Christmas Day
une jupe	a skirt
du jus d'orange	orange juice
Ce n'est pas juste.	It's not fair.

L

là-haut	up there
j'ai laissé	I left
laisser	to leave
du lait	milk
la laitue	lettuce
large	wide
laver	to wash
un lecteur karaoké	a karaoke machine
la lecture	reading
une légende	a caption
se lever	to get up
la liberté	liberty/freedom
une librairie	a bookshop
en ligne	on line
un lit	a bed
les lits superposés (m pl)	bunk beds
la location de (vélos)	(cycle) hire
loger chez	to stay with
loin	far
les loisirs (m pl)	hobbies/spare-time activities
lundi	Monday
une lune de miel	a honeymoon
luxueux (-euse)	luxurious

M

un magasin (de sport/vêtements)	a (sports/clothes) shop
faire les magasins	to go round the shops
un maillot de foot	a football shirt/jersey
malheureusement	unfortunately
la manette	gamepad
manger	to eat
manger et boire	eating and drinking
manquer	to miss
la marche à pied	walking
un marché	a market
le mari	husband
une marque	a famous brand
marrant(e)	funny/amusing
les maths (m pl)	maths
les matières (f pl)	school subjects
C'est mauvais pour …	It's bad for …
médecin	doctor
meilleur(e)	best
même	even

mener	to lead
la mer	sea
ma mère	my mother
merveilleux(-euse)	marvellous
des messages SMS (m pl)	SMS/text messages
la météo	weather forecast
un métier	a profession/career
à mi-temps	part time
du miel	honey
à minuit	at midnight
minuscule	tiny
le mistral	the mistral (=cold,dry wind common in the south of France)
moche	horrible
à la mode	fashionable
la mode	fashion
un moniteur de ski	a ski instructor
un monstre	a monster
un monument (historique)	a monument
la moquette	carpet
une moto	a motorcycle
une mouche	a fly
le mur	wall
le musée	museum
musicien(-ne)	musician
musulman(e)	Muslim

N

nager	to swim
faire de la natation	to go swimming
navré(e)	upset
né(e) (en 1412)	born (in 1412)
neuf (neuve)	brand new
nom de famille	surname
normalement	normally/usually
la nourriture	food

O

l' observatoire (m)	observatory
s' occuper	to look after
les œufs (durs) (m pl)	(hard-boiled) eggs
des oiseaux (m pl)	birds
mon oncle	my uncle
un ordinateur	a computer
l' organiseur électronique (m)	(PDA) electronic organiser
d' origine (algérienne)	of (Algerian) origin
Où?	Where?
j'ai oublié	I forgot
oublier	to forget

P

le pain	bread
du pain grillé	toast
un pantalon	a pair of trousers
un papillon	a butterfly
un paquet de …	a packet of …
par contre	on the other hand
un parc d'attractions	an amusement/a theme park
C'est pareil.	It's the same.
le parking	car park
le parlement	parliament
partager	to share
partout	everywhere

Ça passe (à 20 heures).	It's on (at 8 pm).
un passe-temps	a hobby
passer	to spend (time)
le patin sur glace	ice-skating
la patinoire	ice skating rink
des patins (m pl)	skates
un pays	country
aller	
à la pêche	to go fishing
des pêches (f pl)	peaches
jouet en peluche	soft/cuddly toy
pendant	1) during 2) for
être pénible	to be a pain
perdre	to lose
j'ai perdu …	I lost …
les personnages (m pl)	characters
les personnes âgées (f pl)	old people
pétillant(e)	sparkling
le petit déjeuner	breakfast
un petit pain	a bread roll
ma petite amie	my girlfriend
des petits pois (m pl)	peas
avoir peur	to be frightened
je peux	I can
une pharmacie	a chemist's (shop)
la physique	physics
des piles (f pl)	batteries
la piscine	swimming pool
la piste	ski slope
la plage	beach
Tu plaisantes!	You're joking!
un plan de la ville	a street map
faire	
de la planche à voile	to go windsurfing
le plancher	floor
des plantes (f pl)	plants
un plat	a dish
en plein air	in the fresh air
plein de …	lots of …
la plongée (sous-marine)	(underwater) diving
pour la plupart	on the whole
de plus	more
plutôt	quite/rather
mes poches (f pl)	my pockets
des poires (f pl)	pears
le poisson	fish
le poisson rouge	goldfish
un polo	a polo shirt
la Pologne	Poland
une pomme	an apple
les pommes de terre (f pl)	potatoes
les pompiers (m pl)	firefighters
un (téléphone) portable	a mobile (phone)
porter	to wear
la poste	post office
un pot de …	a pot of …
le poulet	chicken
Pourquoi?	Why?
pouvoir	to be able to
le pouvoir	power
pratique	practical
pratiquer un sport	to play a sport
préféré(e)	favourite
Je préfère …	I prefer …
le prénom	first name
principal(e)	main

un prix	a prize
prochain(e)	next
des produits (m pl)	items/products
des produits laitiers (m pl)	dairy products
les profs/professeurs	teachers
profiter	to make the most of
programmeur	computer programmer (male)
programmeuse	computer programmer (female)
projeter	to project/show
une promenade	a walk
promener	to walk
à proximité	nearby/in the vicinity
puis	then
un pull	a pullover
un puzzle	jigsaw

Q

Quand?	Where?
Quel(le)?	Which?
Qui?	Who?
quinze jours	a fortnight
quitter	to leave

R

raconter	to tell
radiocommandé(e)	radio-controlled
des raisins (m pl)	grapes
ranger	to tidy up
des recherches (f pl)	research
regarder	to watch
remarquable	remarkable
remonter	to get back into
remporter (un Oscar/un prix Nobel)	to win (an Oscar/a Nobel prize)
j'ai rencontré	I met
rencontrer	to meet
renverser	to knock over
réparer	to repair
faire réparer	to have mended/repaired
les repas (m pl)	meals
une répétition	a rehearsal
se reposer	to relax
rester	to stay
le retard	delay
retrouver	to meet up with
un rêve	a dream
le réveille-matin	alarm clock
les rideaux (m pl)	curtains
rien	nothing
Ça ne me dit rien.	I don't fancy that.
De rien.	You're welcome.
rigoler	to laugh
rigolo	funny
du riz (m)	rice
une robe	a dress
le roi	king
un roman	a novel

S

le sable	sand
un sabre	a sword
une sainte	a saint (female)
saisir	to grab (hold of)

sale	dirty
une salle	a large room/hall
une salle de bains	a bathroom
une salle de classe	classroom
une salle de jeux	a games room
un salon	a living room
un salon de beauté	a beauty salon
une salopette	ski pants
Salut!	Hi!
sanctifié(e)	made a saint
la santé	health
satisfait(e)	satisfied
des saucisses (f pl)	sausages
sauf	except
sur scène	on the stage
un(e) scientifique	a scientist
sculpter	to style
une semaine	a week
serré(e)	tight
le serveur	waiter
la serveuse	waitress
servir	to serve
seul(e)	alone
un short	a pair of shorts
signer	to sign
situé(e)	situated
faire du skate	to go skateboarding
un skateur	a skateboarder
faire du ski nautique	to go water skiing
ma sœur	my sister
le sommet	summit/top
un sondage	a survey
une sortie scolaire	a school trip
souffler	1) to blow 2) to blow out
la soupe	soup
sous	under/underneath
souvent	often
un spectacle de magie	a magic show
sportif(-ive)	sporty
un sportif	a sports star (male)
les sports nautiques (m pl)	water sports
le stade	stadium
un stage (de voile)	a (sailing) course
un stylo	a pen
Ça suffit.	That's enough.
Suivez	Follow
surtout	especially
surveiller	to supervise
un survêtement	a tracksuit
sympa	nice
un sweat	a sweatshirt

T

un tableau blanc	a white board
la taille	size
ma tante	my aunt
le tapis magique	magic carpet
tard	late
une tartine	a slice of bread
pas tellement	not really
tels/telles que …	such as …
avoir tendance à	to have a tendency to/to tend to
la tente	tent
la terre	the earth
du thé	tea

du thon	tuna
faire du tir à l'arc	to do archery
un tiroir	a drawer
je suis tombé(e)	I fell
tomber	to fall
tout de suite	immediately
A tout de suite!	See you in a few minutes!
tout le monde	everybody
tout près	near
être en train de faire qch	to be (busy) doing sth
une tranche de …	a slice of …
travailler	to work
traverser	to cross
il y a trop de …	there is too much/there are too many …
un trou	a hole
le tunnel sous la Manche	the Channel Tunnel

U

l' uniforme scolaire (m)	school uniform
une usine	factory
utile	useful
utiliser	to use

V

les vacances (f pl)	holidays
Je vais	I'm going
Je vais aller	I'm going to go
faire du vélo	to go cycling
le vélo	bicycle
vendre	to sell
j'ai vendu	I sold
venir	to come
vers (10 heures)	at about (10 o'clock)
version électronique	electronic version
une veste	a jacket
des vêtements (m pl)	clothes
la viande	meat
un vidéo-projecteur	a video projector
la vie	life
la ville	town
du vin	wine
visiter	to visit
les voisins (m pl)	neighbours
une voiture	a car
le vol	flight
le volcan	volcano
jouer au volley	to play volleyball
vomir	to be sick/to vomit
le voyage de retour	return journey
voyager	to travel
vrai(e)	real
pas vraiment	not really
faire du VTT	to go mountain-biking
une vue	a view

Y

y	there
y compris	including
un yaourt	a yoghurt

Vocabulaire *anglais – français*

A

to be able to	pouvoir
abroad	à l'étranger
actor	un acteur
actress	une actrice
after that	après
afterwards	après
I agree./I don't agree.	Je suis d'accord./Je ne suis pas d'accord.
airport	l'aéroport (m)
I am	Je suis
I am 12/14/16.	J'ai 12/14/16 ans.
amusing	amusant(e)
and	et
apartment	un appartement
apple	une pomme
at 2pm/8.45 pm etc	à 14 heures/20 heures 45 etc
I ate …	J'ai mangé …
awful	1) affreux(-euse) 2) (in appearance) moche/nul(-le)

B

bad	mauvais(e)
baker's (shop)	une boulangerie
beach	la plage
beans	les haricots (m pl)
because	parce que
become	devenir
bedroom	la chambre
before	avant
to begin	commencer
the bill	l'addition (f)
bookshop	une librairie
boring	ennuyeux(-euse)
a bottle of …	une bouteille de …
I bought …	J'ai acheté …
brand name	une marque
bread	du pain
bread roll	un petit pain
to break	casser
breakfast	le petit déjeuner
I broke …	J'ai cassé …
but	mais
butcher's (shop)	une boucherie
butter	du beurre
I buy	J'achète
to buy	acheter

C

cake	un gâteau
I'm called …	Je m'appelle …
It is called …	Il/Elle s'appelle …
I came back.	Je suis rentré(e).
to go camping	faire du camping
I can./I can't.	Je peux./Je ne peux pas.
career	le métier
carrots	les carottes (f pl)
cartoon	(book) une BD; (on TV) un dessin animé
cash desk	la caisse
in the centre of …	dans le centre de …
cereals	des céréales (f pl)
cheese	du fromage

chemist's (shop)	une pharmacie
chicken	le poulet
chips	les frites (f pl)
chocolates	les chocolats (m pl)
climate	le climat
coffee	du café
It's cold.	Il fait froid.
to collect	collectioner
to come back	rentrer
to come from	venir de
complicated	compliqué(e)
computer programmer	programmeur (m); programmeuse (f)
console games	les jeux de console
to do	
the cooking	faire de la cuisine
It costs …	Ça coûte …
country	un pays
in the countryside	à la campagne
crisps	des chips (m pl)
cupboard	l'armoire (f)
to go cycling	faire du vélo

D

It's delicious.	C'est délicieux.
department store	un grand magasin
It depends.	Ça dépend.
dessert	le dessert
detective series	une série policière
I did (the cooking/my homework).	J'ai fait (la cuisine/mes devoirs).
digital camera	l'appareil photo numérique
dirty	sale
disastrous	désastreux(-euse)
divorced	divorcé(e)
to do (the cooking/my homework)	faire (la cuisine/mes devoirs)
doctor	le médecin
documentary	un documentaire
dog	un chien
I drank	J'ai bu
drawer	un tiroir
dress	une robe
a drink	une boisson
I drink	Je bois
to drink	boire
during	pendant

E

in the east of …	dans l'est de …
easy to use	facile à utiliser
I eat	Je mange
to eat	manger
eating and drinking	manger et boire
eggs	les œufs
electronic keyboard	le clavier électronique
electronic organiser	l'organiseur électronique (m)
elegant	élégant(e)
England	l'Angleterre (f)
English	l'anglais
there is/are enough …	il y a assez de …
especially	surtout
(in the) evening	le soir

for example	par exemple
exciting	passionnant(e)
exotic	exotique
expensive	cher (chère)

F

factory	l'usine (f)
It's not fair.	Ce n'est pas juste.
famous	célèbre
I don't fancy (doing) that.	Ça ne me dit rien.
fashion	la mode
fashionable	à la mode
favourite	préféré(e)
finally	enfin
I'm fine.	Je vais bien.
to finish	finir
I finished	J'ai fini
first of all	tout d'abord
fish	le poisson
to go fishing	aller à la pêche
flared trousers	un pantalon à pattes d'éléphant
It's foggy.	Il y a du brouillard.
football match	un match de foot
football shirt	un maillot de foot
for (3 years)	depuis (3 ans)
a fortnight	quinze jours
France	la France
French	le français
friends	les copains
from (Monday) to (Friday)	du (lundi) au (vendredi)
fruit	des fruits
full	complet(-ète)
funny	marrant(e)/amusant(e)

G

gamepad	la manette
in general	en général
German	l'allemand
Germany	l'Allemagne (f)
We get on well.	On s'entend bien.
to get up	se lever
to go	aller
to go back	rentrer
to go out	sortir
I'm going	Je vais
I'm going to go	Je vais aller
golf course	le terrain de golf
good	bien
Good idea!	Bonne idée!
grapes	des raisins (m pl)
Great!	Chouette!
Greece	la Grèce
Greek	le grec

H

I had (a shower).	J'ai pris (une douche).
hairdresser	coiffeur (m); coiffeuse (f)
hard to use	difficile à utiliser
to hate	détester
Do you have …?	Avez-vous…?
I have …	J'ai …
I have to …	Je dois …
I'll have (the soup/the salad).	Je prends (la soupe/la salade).

you have to …	il faut …
he (is)	il (est)
Can I help you?	Je peux vous aider?
to help	aider
I helped …	J'ai aidé …
my hero	mon héros
Hi!	Salut!
hi-fi	une chaîne hi-fi
(cycle) hire	location (de vélos)
history	l'histoire
my hobbies	mes loisirs
hobby	le passe-temps
holiday centre	le centre de vacances
holidays	les vacances
at home	chez moi/chez nous/chez elle etc
homework	les devoirs
I hope	J'espère
to go horse-riding	faire de l'équitation
hospital	l'hôpital (m)
It's hot.	Il fait chaud.
hot chocolate	du chocolat chaud
hotel room	une chambre
How long do you …?	Combien de temps …?
How long have you …?	Depuis quand …?
How much is it?	C'est combien?

I

I (am)	Je (suis)
if	si
in	1 à (+ name of a town)
	2 au (+ name of masc. country)
	3 en (+ name of fem. country)
interesting	intéressant(e)
Ireland	l'Irlande (f)
It was (good/quite good/rubbish).	C'était (bien/pas mal/nul).
Italian	l'italien
Italy	l'Italie (f)

J

jacket	une veste
jam	de la confiture
jeans	un jean
job	le boulot
jogging pants	un jogging
You're joking!	Tu plaisantes!

L

last weekend/Sunday	le week-end/dimanche dernier
to leave	partir/sortir
I left	Je suis parti(e)./Je suis sorti(e).
leisure centre	le centre de loisirs
less	moins
I like (fish/chips etc).	J'aime (le poisson/les frites etc).
I'd like that.	Je veux bien.
to like	aimer
to listen (to)	écouter
I listened (to) …	J'ai écouté …
to live	habiter
I live in …	J'habite dans …

lots of …	*plein de …*
to love sthg	*adorer qch*
lunch	*le déjeuner*

M

main dish	*le plat principal*
make-up	*le maquillage*
there is/ are too many …	*il y a trop de …*
maths	*les maths*
meat	*la viande*
mechanic	*mécanicien (m); mécanicienne (f)*
to meet up with	*retrouver*
menu	*le menu*
I met up with …	*J'ai retrouvé …*
milk	*du lait*
I don't mind.	*Ça m'est égal.*
mobile phone	*le téléphone portable*
monuments	*les monuments historiques (m pl)*
more	*plus*
the most	*le plus/la plus*
motorbike	*une moto*
in the mountains	*à la montagne*
MP3 player	*le baladeur mp3*
I must.	*Je dois.*
You must …	*Il faut …*

N

I need …	*J'ai besoin de …*
never	*ne … jamais*
news (on TV)	*les informations (f pl)*
next (month/year)	*(le mois/l'an) prochain*
to go to a nightclub	*aller en boîte*
nightmare	*un cauchemar*
No, thanks.	*Non, merci.*
in the north of …	*dans le nord de …*
nurse	*infirmier (m); infirmière (f)*

O

of course	*bien sûr*
office	*le bureau*
OK (to express agreement)	*D'accord*
old-fashioned	*démodé(e)*
to make an online reservation	*réserver en ligne*
opening times	*les horaires d'ouverture (f pl)*
In my opinion …	*À mon avis …*
or	*ou*
orange juice	*du jus d'orange*
on the other hand	*par contre*

P

a packet of …	*un paquet de …*
pancakes	*des crêpes (f pl)*
part-time	*à mi-temps*
PDA	*l'organiseur électronique*
peaches	*des pêches (f pl)*
pears	*des poires (f pl)*
peas	*des petits pois (m pl)*
to phone sb	*téléphoner à qn*
I phoned (my friends).	*J'ai téléphoné à (mes copains).*

pineapple	*un ananas*
to play (tennis/golf)	*jouer (au tennis/golf)*
I played (football/volleyball etc.)	*J'ai joué au (foot/volley etc).*
please	*s'il vous plaît*
pocket money	*l'argent de poche*
polo shirt	*un polo*
Portugal	*le Portugal*
Portuguese	*le portugais*
post office	*la poste*
a pot of …	*un pot de …*
potatoes	*les pommes de terre (f pl)*
practical	*pratique*
I prefer …	*Je préfère …*
to prefer	*préférer*
present	*un cadeau*
pretty	*joli(e)*
programme	*une émission*
pullover	*un pull*

Q

quite good	*pas mal*
quiz show	*un jeu télévisé*

R

It's raining.	*Il pleut.*
to read	*lire*
I read … (past tense)	*J'ai lu …*
reading	*la lecture*
not really	*pas vraiment*
recently	*récemment*
to recommend	*recommander*
relaxed	*décontracté(e)*
You're right.	*Tu as raison.*
roast chicken	*le poulet rôti*
rubbish	*nul*

S

I said …	*J'ai dit …*
to go sailing	*faire de la voile*
sausages	*des saucisses (f pl)*
to save up	*économiser*
I'm saving up for	*J'économise pour*
I saw …	*J'ai vu …*
to say	*dire*
school	*le collège*
school things	*le matériel scolaire*
at the seaside	*au bord de la mer*
secretary	*le/la secrétaire*
to see	*voir*
See you tomorrow/later.	*À demain./À plus tard.*
(TV) series	*une série*
share	*partager*
she (is)	*elle (est)*
shelf	*l'étagère*
shirt	*une chemise*
shoes	*des chaussures*
shop	*le magasin*
to go round the shops	*faire les magasins*
shop assistant	*le vendeur/la vendeuse*
shopping centre	*un centre commercial*
shower	*une douche*
singer	*un chanteur (m) une chanteuse (f)*

size	la taille
to go skateboarding	faire du skate
skirt	une jupe
a slice of …	une tranche de …
It's snowing.	Il neige.
so	alors
So what?	Bof …
sometimes	quelquefois/des fois
I'm sorry.	Je suis désolé(e).
this sort of …	ce genre de …
in the south of …	dans le sud de …
Spain	l'Espagne (f)
Spanish	l'espagnol (m)
to speak	parler
to spend (time)	passer (le temps)
sport	le sport
sports centre	le centre sportif
starter	une entrée
station (train)	la gare
to stay (at home)	rester (chez moi/chez nous etc)
to stay with sb	loger chez qn
I stayed …	Je suis resté(e) …
stepbrother	mon demi-frère
stepfather	mon beau-père
stepmother	ma belle-mère
stepsister	ma demi-sœur
It's stormy.	Il y a des orages.
straight away	tout de suite
strawberries	des fraises (f pl)
street map	un plan de la ville
subjects	les matières (f pl)
summer	l'été
to go sunbathing	se bronzer
It's sunny.	Il y a du soleil.
supervise	surveiller
sweatshirt	un sweat
sweets	les bonbons (m pl)
to go swimming	faire de la natation
swimming pool	la piscine

T

to take photos	prendre des photos
to talk	parler
tea	du thé
teacher	le /la professeur; le/la prof
tennis court	un court de tennis
terrible	affreux(-euse)
that	ce (m)/cet (m)/cette (f)
then	puis/ensuite
there is/are	il y a
there isn't/aren't	il n'y a pas de
therefore	donc
these	ces
my things	mes affaires
I think it's	Je trouve ça
cruel/funny etc.	cruel/marrant(e) etc.
this	ce (m)/cet (m)/cette (f)
those	ces
to tidy	ranger
tight	serré(e)
(train) timetable	les horaires (du train)
a tin of …	une boîte de …
tiny	minuscule
toast	du pain grillé
tomatoes	des tomates

too many	trop de
I took photos.	J'ai pris des photos.
top	un haut
town	la ville
tracksuit	un survêtement
trainers	des baskets
to travel	voyager
(coach/boat) trip	promenade en (bateau/car)
trousers	un pantalon
T-shirt	un tee-shirt
tuna	du thon
this type of …	ce genre de …

U

unemployed	au chômage
useful	utile
usually	d'habitude

V

video camera	le caméscope
to visit	visiter
I visited	J'ai visité

W

to wait for	attendre
waiter	le serveur
waitress	la serveuse
Wales	le Pays de Galles
to walk (the dog)	promener (le chien)
wall	le mur
I don't want …	Je ne veux pas …/Je n'ai pas envie.
I want …	Je veux …/J'ai envie de …
Do you want to …?	Tu veux …?
to watch	regarder
I watched …	J'ai regardé …
water sports	les sports nautiques (m pl)
we	nous
weather	le temps
wedding	un mariage
at the weekend	le weekend
Welsh	le gallois
I/We went …	Je suis allé(e) …/On est allé(e)s …
in the west of …	dans l'ouest de …
What size/colour?	Quelle taille/couleur?
What time was it (on)?	C'était à quelle heure?
What was it like?	C'était comment?
when	quand
When is it on?	Ça passe quand?
Where ..?	Où …?
Who?	Qui?
Why?	Pourquoi?
wide	large
to win	gagner
It's windy.	Il y a du vent.
wine	du vin
to work	travailler
I worked.	J'ai travaillé.
I would like (to) …	Je voudrais …

Y

yesterday	hier
yesterday evening	hier soir
yoghurt	un yaourt
you	tu (informal); vous (formal)

Stratégies

Learning vocabulary means …

➢ learning what the French word **means** in English
➢ learning how to **spell** the word
➢ learning how to **recognise** the word when you see or hear it
➢ learning how to **say** the word

In *Expo 1* you learnt a number of strategies to help you learn vocabulary quickly and make it stick. Here they are again to remind you.

1 Look, say, cover, write, check

Use the five steps below to learn how to spell any word.

1. *LOOK* Look carefully at the word for at least 10 seconds.
2. *SAY* Say the word to yourself or out loud to practise pronunciation.
3. *COVER* Cover up the word when you feel you have learned it.
4. *WRITE* Write the word from memory.
5. *CHECK* Check your word against the original. Did you get it right? If not, what did you get wrong? Spend time learning that bit of the word. Go through the steps again until you get it right.

2 Cognates

A cognate is a word that is spelt the same in English as in French. Most of the time they mean exactly the same too. Here are some cognates from *Expo 2 Rouge*:

intelligent	restaurant
golf	excellent

But be careful. They may look the same, but usually they aren't pronounced the same. Can you pronounce these four words as a French person would? Only one of them is pronounced almost like the English. Do you know which one it is?

3 Near cognates!

In French there are also lots of words that look similar to English words, but are not identical. Often these words have exactly the same meaning as the English (but not always!). Here is a selection from the ones you come across in *Expo 2 Rouge*:

fantastique	→	fantastic
hôpital	→	hospital
Italie	→	Italy

4 Mnemonics

One way of remembering new words is to invent a mnemonic, a rhyme or saying that sticks easily in the mind. This is the example from *Expo 1*, the French word for "shops", but it's best to make up your own – you'll find them easier to remember/harder to forget.

My
Aunt
Gets
Alligator
Shoes
In
Normal
Shops

You can't learn every word like this, it would take ages! But it's a great way of learning those words that just don't seem to stick.

5 High-frequency words

When you learn French in *Expo* you see that some words come up again and again. No matter what you're talking about they're there all the time. These are "high-frequency words". Because they occur so often they are extremely important. You need to know what they mean and how to use them in different topics.

You'll recognise lots of them from *Expo 1* and learn more of them in *Expo 2*.

je
très
à

Write a list of the new high-frequency words you learn as you go along.

6 Letter and sound patterns

Just as in English many French words contain the same letter patterns. Recognising these patterns will help you to spell and say more words correctly. One way of remembering these is to write lists of words with identical letter patterns. Add to them as you come across more. Here are some that you've learnt in *Expo 2 Rouge*:

invi**té**	**cin**q	intellig**ent**
dan**sé**	vi**n**gt	excell**ent**

Les instructions

À deux.	*In pairs.*
À tour de rôle.	*Take turns.*
Ajoute (d'autres détails).	*Add (further details).*
Avant de lire …	*Before reading …*
Cherche (une photo).	*Look for (a photograph).*
Choisis (le bon mot).	*Choose (the right word).*
Continue (la phrase serpent).	*Continue (the word snake).*
Copie et complète.	*Copy and complete.*
Corrige les phrases.	*Correct the sentences.*
Décris (les magasins).	*Describe (the shops).*
Demande à (ton partenaire).	*Ask (your partner).*
Dis le prochain mot.	*Say the next word.*
Donne des détails.	*Give details.*
Donnez vos opinions.	*Give your opinions.*
Écoute et lis.	*Listen and read.*
Écoute et répète.	*Listen and repeat.*
Écoute et vérifie.	*Listen and check.*
Écris (quelques paragraphes).	*Write (a few paragraphs).*
En groupes.	*In groups.*
Fais des phrases.	*Make sentences.*
Identifie les (mots clefs).	*Identify the (key words).*
Invente des (réponses).	*Invent (answers).*
Jette le dé.	*Throw the dice.*
Joue avec un dé.	*Play with a dice.*
Lis (ces textes).	*Read (these texts).*
Lis, écoute et chante!	*Read, listen and sing!*
Mets les (images) dans le bon ordre.	*Put the (pictures) in the right order.*
Note (les mots qui manquent).	*Write down the (missing words).*
Parlez de (votre famille).	*Talk about (your family).*
Pose des questions.	*Ask questions.*
Prends des notes.	*Take notes.*
Prépare (une conversation).	*Prepare (a conversation).*
Présente (chaque personne).	*Present (each person).*
Qu'est-ce que tu as fait?	*What did you do?*
Qui parle?	*Who is speaking?*
Raconte (ton week-end).	*Describe (your weekend).*
Regarde (la carte).	*Look at (the map).*
Relie (les phrases).	*Join up (the sentences).*
Relis le texte.	*Re-read the text.*
Remplace les mots.	*Replace the words.*
Remplis les blancs.	*Fill in the gaps.*
Réponds aux questions.	*Answer the questions.*
Trouve (les verbes).	*Find (the verbs).*
Utilise (ces détails).	*Use (these details).*
Vérifie les réponses.	*Check your answers.*

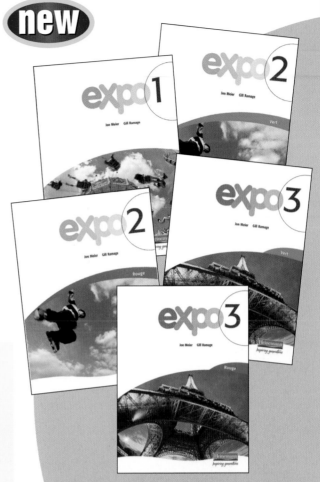

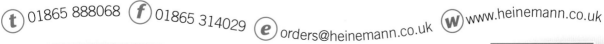